EL INGRESO MÍNIMO VITAL EN CONCURRENCIA CON OTRAS RENTAS

JUAN RAMÓN RIVERA SÁNCHEZ

Catedrático de Escuela Universitaria de Derecho del Trabajo y de la Seguridad Social.
Universidad de Alicante
Magistrado Suplente del Tribunal Superior de Justicia de la Comunidad Valenciana

EL INGRESO MÍNIMO VITAL EN CONCURRENCIA CON OTRAS RENTAS

Prólogo

ÁNGEL ANTONIO BLASCO PELLICER

ANTONIO V. SEMPERE NAVARRO

Magistrados de la Sala 4ª del Tribunal Supremo

© **Juan Ramón Rivera Sánchez**, 2024
© **Editorial Aranzadi, S.A.U.**

Editorial Aranzadi, S.A.U.
C/ Collado Mediano, 9
28231 Las Rozas (Madrid)
Tel: 91 602 01 82
e-mail: clienteslaley@aranzadilaley.es
https://www.aranzadilaley.es/aranzadi

Primera edición: 2024

Depósito Legal: M-15090-2024
ISBN versión impresa: 978-84-10295-26-1

Diseño, Preimpresión e Impresión: Editorial Aranzadi, S.A.U.
Printed in Spain

En agradecimiento a José Manuel, Jesús y María Ángeles

Índice General

Abreviaturas

AIReF	Autoridad Independiente de Responsabilidad Fiscal
art., arts.	artículo, artículos
BOE	Boletín Oficial del Estado
CA	Comunidad Autónoma
CCAA	Comunidades Autónomas
CDFUE	Carta de Derechos Fundamentales de la Unión Europea
CE	Constitución Española
CEDH	Convenio Europeo de Derechos Humanos
Cfr.	Confróntese
Cit.	citado
COVID-19	Enfermedad por coronavirus de 2019, causada por el virus
CSE	Carta Social Europea
DA	Disposición adicional
DF	Disposición final
DT	Disposición transitoria
IMV	Ingreso Mínimo Vital
INSS	Instituto Nacional de la Seguridad Social
IPREM	Índice Público de Referencia de Efectos Múltiples
IRPF	Impuesto sobre la Renta de las Personas Físicas
LGSS	Real Decreto Legislativo 8/2015, de 30 de octubre, por el que se aprueba el Texto Refundido de la Ley General de la Seguridad Social
RDLIMV	20/2020, de 29 de mayo, por el que se establece el ingreso mínimo vital
LIMV	Ley 19/2021, de 20 de diciembre, del ingreso mínimo vital
LPGE	Ley de Presupuestos Generales del Estado

LPAC	Ley 39/2015, del Procedimiento Administrativo Común de las Administraciones Públicas
LRJS	Ley Reguladora de la Jurisdicción Social
LRJSP	Ley 40/2015, de 1 de octubre, de Régimen Jurídico del Sector Público
MAC	Método abierto de coordinación
núm.	número
Op. cit.	Obra citada
pág., págs.	página, páginas
RAI	Renta Activa de Inserción
RAS	Renta Activa de Solidaridad
RD 1369/2006	Real Decreto 1369/2006, de 24 de noviembre, por el que se regula el programa de renta activa de inserción para desempleados con especiales necesidades económicas y dificultad para encontrar empleo
RD	Real Decreto
RDRTIMV	Real Decreto 789/2022, sobre Rentas de Trabajo e Ingreso Mínimo Vital
RD Leg.	Real Decreto Legislativo
RDL 20/2020	Real Decreto-ley 20/2020, de 29 de mayo, por el que se establece el ingreso mínimo vital
RMA	Rentas mínimas autonómicas
RMG	Rentas mínimas garantizadas
SEPE	Servicio Público de Empleo Estatal
SMI	Salario Mínimo Interprofesional
STC	Sentencia del Tribunal Constitucional
STJUE	Sentencia del Tribunal de Justicia de la Unión Europea
TCE	Tratado de la Comunidad Europea
TEDH	Tribunal Europeo de Derechos Humanos
TFUE	Tratado de Funcionamiento de la Unión Europea
TRLGSS	RD-Leg. 8/2015, de 30 de octubre, por el que se aprueba el texto refundido de la Ley General de la Seguridad Social
TJUE	Tribunal de Justicia de la Unión Europea
TUE	Tratado de la Unión Europea
UE	Unión Europea

Prólogo

El debate sobre la necesidad de articular mecanismos para prevenir y combatir las situaciones de pobreza extrema y de exclusión social se remonta varias décadas en el tiempo. Aunque los progresos realizados en este terreno son relevantes, desde el desencadenamiento de la crisis económica resultante de la crisis financiera de 2008, y pese a la recuperación económica observada estos últimos años (con la inflexión causada por la pandemia del Covid-19), el índice de pobreza ha seguido aumentando, dejando a una parte significativa de la población en situación de riesgo o exclusión social y poniendo en evidencia las carencias del Estado del bienestar. Los recientes datos (satisfactorias tasas de empleo en buena parte de nuestro país, pero elevado nivel de riesgo de pobreza) no solo alertan de la complejidad del problema (hablar de «trabajadores pobres» constituye toda una señal de alarma). En este contexto, nociones como «derecho mínimo vital», «renta básica», «renta universal», «renta garantizada de ciudadanía», «ingreso mínimo», «salario social», «renta mínima», «ingreso mínimo vital», etc. saltan a la palestra y ponen de relieve el deseo de hallar la mejor fórmula para garantizar un estatus de vida decente a los miembros de una comunidad política. La Carta de Derechos Fundamentales de la Unión Europea proclama que «la Unión reconoce y respeta el derecho a una ayuda social y a una ayuda de vivienda para garantizar una existencia digna a todos aquellos que no dispongan de recursos suficientes, según las modalidades establecidas por el Derecho comunitario y las legislaciones y prácticas nacionales».

En España la situación es compleja porque conviven prestaciones de carácter autonómico con otras de corte estatal. El Tribunal Constitucional ha avalado expresamente esta actuación autonómica, considerándola como un tipo de asistencia social *externa* que abarca unas técnicas de protección situadas «extramuros del sistema de la Seguridad Social, con caracteres propios, que la separaran de otras afines o próximas a ella», puesto que se trata de «un mecanismo protector de situaciones de necesidad específicas, sentidas por grupos de población a los que no alcanza el sistema de Seguridad Social y que opera mediante técnicas distintas de las propias de ésta. Entre sus caracteres típicos se encuentran, de una parte, su sostenimiento al margen de toda obligación contributiva o previa colaboración económica de los destinatarios o beneficiarios, y, de otra, su dispensación por entes públicos o por organismos independientes de entes públicos, cualesquiera que éstos sean».

Pese a ello, no cabe duda de que la referencia del modelo estatal de protección, integrado en el sistema de Seguridad Social posee especial trascendencia, tanto por su valor equiparador cuanto por su innegable carácter referencial. A esta materia, a veces maltratada desde la perspectiva técnica (comenzando por los innumerables cambios normativos) se dedica la presente obra.

La presentación de un libro en materia de Seguridad Social entraña el riesgo de que su contenido pueda ser sustancialmente modificado, en un breve lapso tiempo, por la incesante actividad del legislador en la búsquela del cumplimiento los objetivos marcados o por la adaptación a las nuevas circunstancias sobrevenidas que no estaban contempladas en su versión inicial. Cualquiera que sea la motivación, lo cierto es que el mencionado riesgo acontece en relación con este estudio que ahora se publica acerca de la prestación no contributiva del ingreso mínimo vital que, desde su aprobación al inicio de la presente década, ha sido una de las normas con rango de Ley que más reformas ha padecido en la búsqueda de aquilatar la protección más apropiada de las personas vulnerables, objetivo que a la vista de los contenidos publicados en el BOE, la última cuando acababa el año 2023, aparentemente, aún no se ha alcanzado.

Sólo por esta circunstancia ya se justificaría la conveniencia de este estudio porque, desde luego, da cuenta del actual estado de la cuestión de una prestación necesitada de asentarse en el sistema de la Seguridad Social. Al margen de esta contingencia, la monografía concentra su atención en un aspecto estructural del ingreso mínimo vital y, por tanto, ajeno a los vaivenes de esas modificaciones legislativas, además sobre una problemática que todavía no había sido objeto de análisis por la doctrina, esto es, los distintos tipos de relaciones entre el IMV y las rentas o ingresos que se combina con el ingreso mínimo vital hasta alcanzar la correspondiente renta garantizada, acumulación de rentas que prácticamente determinará la cuantía reconocida del IMV como resultado de la diferencia entre la renta garantizada y la valoración de bienes y otras rentas de la unidad de convivencia.

Por todo ello, el presente libro ofrece un recorrido sobre la distinta y compleja naturaleza del cuadro de relaciones que mantiene el ingreso mínimo vital con las principales rentas e ingresos que permiten incrementar o minorar su cuantía, superando esquemas simples de antaño sobre compatibilidad o incompatibilidad de prestaciones.

A partir de esas premisas, se puede efectuar un sucinto rastreo de alguno de sus capítulos, resaltando aquellas aportaciones que puedan ser más relevantes en los supuestos de concurrencia de otras rentas e ingresos con el ingreso mínimo vital, incorporando ya las primeras sentencias de juzgados y tribunales dictadas sobre esta prestación.

En relación con los Capítulos III y IV, a propósito de las relaciones del ingreso mínimo vital con otras prestaciones del sistema de la seguridad social, RIVERA SÁNCHEZ propone que la propia dinámica del ingreso mínimo vital hace preciso relativizar los esquemas de compatibilidad e incompatibilidad de prestaciones, incluso se discute lo que se ha venido a denominar el principio de prestación única entre prestaciones procedentes del Régimen General de la Seguridad Social, enunciado en el art. 163 del RD Legislativo 8/2015, que aprueba el Texto Refundido de la Seguridad Social. En cambio, la base de funcionamiento del IMV se asienta en la acumulación de las pensiones públicas preexistentes o sobrevenidas que se les reconozca a los integrantes de la unidad de convivencia, generando situaciones y respuestas más complejas en las que, con independencia del número de prestaciones que reciba la correspondiente unidad de convivencia, lo relevante será que la sumatoria de los ingresos supere, o no, los umbrales de renta protegibles tal y como se definen en la normativa del IMV.

En concreto, cuando se pretende responder qué relación mantiene el IMV con el resto de las prestaciones de la seguridad social, probablemente, la relación más característica, aunque no sea la única, será la subsidiariedad del IMV, esto es, la Entidad Gestora procederá al reconocimiento del IMV cuando el solicitante y el conjunto de beneficiarios no perciban prestación alguna de la seguridad social o, en su caso, si percibe alguna, tanto el titular como cualquiera de las personas integrantes de la unidad de convivencia, no supere la renta garantizada que tenga asignada la unidad de convivencia, cualquiera que sea la prestación de la seguridad social. Lo determinante será que la sumatoria de los ingresos de la unidad de convivencia, incluida la cuantía aportada por la prestación de la seguridad social, no supere la cuantía fijada como renta garantizada.

En cuanto a las relaciones entre el IMV y las rentas autonómicas de ingresos mínimos, el panorama es más complejo porque se anuda, por un lado, además de la identificación de la relación entre ellas, la cuestión de la determinación del título competencial de la legislación sobre el ingreso mínimo vital y, por otro, el distinto tratamiento dispensando a las distintas comunidades autónomas en atención a su régimen común o foral, debate que se ha aparcado mediante una norma urgente y extraordinaria que extiende competencias de gestión, si lo solicitan, a todas las administraciones autonómicas de régimen común. En efecto, a lo largo del Capítulo V, RIVERA SÁNCHEZ expone que, bajo la apariencia de una relación inspirada en la relación suplementaria del IMV, en realidad, se caracteriza por el hecho de que las comunidades autónomas, por un lado, ya establecieron que el acceso a la renta autonómica exigía acreditar la solicitud de otras prestaciones públicas, y, por otra parte, a raíz de la aprobación de la normativa estatal del IMV, algunas comunidades autónomas han modificado su legislación en el sentido de que el IMV se considere prestación «principal» y la «renta mínima» se autoconfigura como un prestación subordinada a la prestación estatal. En definitiva, la tendencia iniciada en las regulaciones procedentes de las comunidades autónomas, una vez ya ha sido implantado el IMV, persigue una alternancia en el rol de estas prestaciones, esto es, el reconocimiento o la determinación de la cuantía de la renta autonómica ha de venir precedida de una solicitud del ingreso mínimo vital estatal desencadenando, en el supuesto de incumplimiento de este mandato formal, la finalización o extinción de la correspondiente renta autonómica que se repliega en su acción protectora frente al IMV.

Otro apartado relevante que profundiza en el análisis de las relaciones entre las rentas de trabajo y el IMV, rentas de trabajo que resultan ser las más idóneas para la prevención y superación de situaciones de exclusión social. En este asunto, la aprobación de una norma reglamentaria ha desencallado una extraña relación entre rentas de trabajo y la percepción de la prestación del ingreso mínimo vital, inaugurando una relación flexible y comprensible entre ambos tipos de rentas. Como se afirma en el Capítulo VI, se ha optado por una genérica declaración de «compatibilidad» en el art. 1.1 del RD 789/2022, de 27 de septiembre que, en realidad, más que compatibilidad, en realidad, lo relevante de la norma reglamentaria es la declaración de exención de cómputo de las mencionadas rentas de trabajo, a los efectos de la determinación de la situación de «vulnerabilidad económica», tanto de la persona solicitante, como de las rentas de trabajo procedentes de cualquier otro miembro de la unidad de convivencia. En corto, las rentas del trabajo se acumulan junto a la percepción del IMV y, además, la cuantía de los ingresos procedentes del trabajo o del ejercicio de una actividad económica por cuenta propia no se computa para la determinación de la existencia de una situación de «vulnerabilidad económica».

Por fin, es preciso resaltar aquellas prestaciones e ingresos que, por unas u otras razones, mantienen una relación de exclusión con el ingreso mínimo vital, esto es, el hecho de percibir alguna de estas rentas excluye el acceso a la acción protectora del ingreso mínimo vital, cualquiera que sea la situación patrimonial de la unidad de convivencia. En concreto, a lo largo del Capítulo VII se hace referencia a los beneficiarios de las pensiones procedentes del Fondo de Asistencia Social de la Ley de 21 de julio de 1960 y las rentas derivadas de la administración de sociedades capitalistas, exclusiones que RIVERA SÁNCHEZ anuncia que se convertirá, aunque se trate de un colectivo no muy numeroso de beneficiarios, en un posible germen de conflictos jurídicos que con el paso del tiempo tendrá que ir aclarando la doctrina de los juzgados y tribunales por la falta de claridad e imprevisión de estos supuestos de exclusión sobre los que la norma no precisa con suficiente claridad.

En esta línea, el libro sigue problematizando cuestiones a los que el Autor ofrece posibles vías de solución con una ponderación que podrían ser de utilidad para el operador jurídico que tenga que justificar sus peticiones o pretensiones en un procedimiento administrativo o, en su caso, ante la revisión judicial de las decisiones administrativas que se dicten.

El contenido del libro y sus características (profundidad en el estudio de los problemas que la institución analizada plantea; eficacia práctica de las soluciones que se aportan y claridad expositiva) se explican por la trayectoria de su autor que une a su condición permanente de profesor de Derecho del Trabajo y de la Seguridad Social en la Universidad de Alicante, el haber ejercido, con gran dedicación y solvencia, como letrado del Gabinete Técnico de la Sala Cuarta del Tribunal Supremo. En la actualidad, compatibiliza su labor docente e investigadora con su contribución a la justicia social como Magistrado Suplente de la Sala de lo Social del Tribunal Superior de Justicia de la Comunidad Valenciana.

Desde luego, por todo ello, quienes hemos podido conocerla en primicia estamos seguros de que merece una acogida favorable en el campo de los estudios de la Seguridad Social.

Madrid, marzo de 2024

Ángel Antonio Blasco Pellicer

Antonio V. Sempere Navarro

Magistrados de la Sala 4ª del Tribunal Supremo

Introducción: una novedosa contingencia

1.   EL ESTADO DE LA CUESTIÓN

Una de las coincidencias en cualquier estudio acerca de la configuración de la acción protectora de la Seguridad Social sea probablemente la débil protección constitucional del art. 41 CE a esta Hacienda del Estado. Por eso, se ha afirmado que, en cada instante temporal, es sólo el legislador ordinario el que dispone cuál es la extensión y la acción protectora del *«sufrido ordenamiento de la Seguridad Social»* [1]. Afortunadamente, en esta ocasión, el motivo de este trabajo es el estudio de una nueva prestación y, especialmente, qué relación mantiene el ingreso mínimo vital cuando concurre con otras rentas e ingresos del solicitante porque, a diferencia de otras prestaciones, el reconocimiento y la determinación de su cuantía depende de cuál sea la situación económica y patrimonial de los beneficiarios del ingreso mínimo vital.

En efecto, desde distintos campos de estudio se ha venido reclamando que se ahonde en el tipo de relaciones que esta nueva prestación va a establecer, por una parte, con otras prestaciones del sistema seguridad social, no siempre bajo el esquema clásico de la compatibilidad o incompatibilidad entre ellas y, por otra parte, qué relación mantiene con otros ingresos y ayudas públicas porque quizá la nota más destacada de esta prestación no contributiva es que resulta imprescindible, con anterioridad a su reconocimiento o denegación, la valoración exhaustiva de la situación económica y patrimonial no sólo de su solicitante

---

1.   Cfr. DE LA VILLA, L.E.: *«Sobre la Seguridad Social en la Constitución española, a la altura de 1990»*, Revista de Derecho de la Seguridad Social y Revista Crítica de Relaciones de Trabajo, Laborum, Número especial de 2023, homenaje al Profesor D. Efrén Borrajo Dacruz (2023), pág. 198.

sino, también, del conjunto de personas que conforman la unidad de convivencia destinataria del ingreso mínimo vital[2].

En cuanto al impacto socio económico de la entrada en vigor del IMV el Ingreso Mínimo Vital (en adelante, IMV) ha sido reconocido, aunque existe discrepancias en las cifras, a 535.732 hogares en los que viven 1.495.128 personas, según la estadística publicada por el Instituto Nacional de la Seguridad Social hasta finales de noviembre del año 2023. Esta prestación, que abona la Seguridad Social, está teniendo una especial incidencia en la reducción de la pobreza infantil puesto que del total de beneficiarios un 42,6% son menores (637.627). Además, si se presta atención al número de hogares, en el 65% hay al menos un menor (348.129). Además, en línea con un desarrollo de la Seguridad Social con perspectiva de género, en dos de cada tres hogares el titular de la prestación es una mujer y, por fin, si se tiene en cuenta el total de beneficiarios, el 54% son mujeres (813.995)[3].

Por tanto, hay que dar la bienvenida a esta prestación por llegar a espacios que anteriormente estaban yermos de protección social, sin descartar que el legislador se encuentra en una búsqueda constante de mejoras técnicas que encuentran reflejo en el elevado número de reformas que ha padecido desde su entrada en vigor tanto en el RDL 20/2020, de 29 de mayo, como tras su tramitación parlamentaria en la Ley 19/2021, de 20 de diciembre[4].

Aunque aparentemente sean frías cifras estadísticas, no cabe dudar que el despliegue de esta acción protectora ha permitido coadyuvar en la superación de los peores estadios de la vulnerabilidad económica y de un acontecimiento extraordinario como fue la pandemia en el año 2020, pandemia que seguramente

---

2. La necesidad de ese tipo de estudios, que la doctrina científica no ha dudado en ofrecer, ha sido reclamada, especialmente, desde el campo de la economía para aportar soluciones técnicas que ahondara en la aclaración del tipo de relaciones y de la compatibilidad de esta nueva prestación poco estudiada con otros ingresos públicos o privados. En este sentido, cfr. AYALA CAÑON, L.; JURADO MALAGA, A.; PÉREZ MAYO, J.: «*El ingreso mínimo vital: adecuación y cobertura*». Papeles de la Economía Española», núm. 172, 2022 pág. 168.
3. Según cifras oficiales de SECRETARÍA DE ESTADO DE LA SEGURIDAD SOCIAL, de fecha de 30 de noviembre de 2022, publicado en la revista electrónica «La Revista de la Seguridad Social». Secretaría de Estado de Seguridad Social y Pensiones, no indexada, que se puede consultar en la siguiente página electrónica: https://revista.seg-social.es/-/20221130-balance-imv (Visitada 8 de noviembre de 2023).
4. Una rigurosa recopilación de las sucesivas reformas que ha padecido la regulación del IMV mientras estuve vigente la legislación extraordinaria se puede consultar en MONEREO PÉREZ, J.L. y RODRÍGUEZ INIESTA, G.: «*El Ingreso Mínimo Vital una valoración de su implantación (a propósito de las Opiniones de la AIReF y del impacto "sistémico" del IMV en el perfeccionamiento del Sistema de Seguridad Social)*». Revista de Derecho de la Seguridad Social, Laborum. Núm. 36 (2023), pág.31. También ha padecido modificaciones la Ley 19/2021, de 20 de diciembre. En concreto, en la Ley de Presupuestos Generales del Estado para declarar la incompatibilidad del IMV con las pensiones procedentes del Fondo de Asistencia Social de 1960. Cfr. *ut supra*.

actuó como un catalizador de la aprobación del ingreso mínimo vital, al menos por su coincidencia en el tiempo.

En relación con la cuantía de las ayudas, ésta es variable para cada unidad de convivencia según cuál sea la situación patrimonial y la composición de la misma hasta alcanzar la denominada renta garantizada y aunque esta cuantía no resuelve, por sí sola, las situaciones de exclusión social, de modo indiciario, se convierte en una pieza imprescindible junto a otras políticas públicas como las relacionadas con el derecho a la educación, la sanidad o el acceso a la vivienda para avanzar en la inclusión social de estos ciudadanos.

Por fin, la irrupción del ingreso mínimo vital en el tablero de las prestaciones para favorecer la inclusión social y, por tanto, se moldeó como una prestación de la seguridad social de cuantía variable y que se puede acumular con otras prestaciones análogas reguladas por las comunidades autónomas y con otras prestaciones del propio sistema de la Seguridad Social. De hecho, en la versión inicial del RDL 20/2020, de 29 de mayo, en su art. 8.2, ya derogada, se afirmaba que «*los salarios sociales, las rentas mínimas de inserción o ayudas análogas de asistencia social concedidas por las Comunidades Autónomas*» no computarán para determinar la correspondiente renta garantizada, apartado que lógicamente favorecía el reconocimiento de una cuantía más elevada de la renta garantizada contemplada por la prestación del ingreso mínimo. Esto permitió concluir a la doctrina que el IMV se configuraba como una prestación «suelo»[5].

Desafortunadamente, el tenor literal del art.8.2 RDLIMV fue suprimido en versiones ulteriores durante el transcurso de su tramitación parlamentaria como Proyecto de Ley en las Cortes Generales dando a entender que esas rentas autonómicas sí computaban para determinar la cuantía de la prestación del IMV y así se ha venido interpretando por la doctrina de suplicación en función de qué fecha fue la solicitud del ingreso mínimo vital, esto es, según fuera anterior o posterior a las sucesivas modificaciones del R.D. Ley 20/2020 y, finalmente, tras la entrada en vigor de la Ley 19/2021, de 20 de diciembre[6].

En esta línea, también es preciso resaltar que la legislación de algunas comunidades autónomas, en materia de sus respectivas rentas mínimas, pade-

---

5. Cfr. MARTÍN-POZUELO LÓPEZ, A.: SALA FRANCO T.: «*El Ingreso Mínimo Vital. El Sistema Español de Rentas*». Núm epígrafe 5, parágrafo 103. En la base de datos Tirant on line, www.tirantonline.com TOL 7.997.813.

6. En relación con la aplicación del art. 8 del R.D. Ley 20/2020, de 29 de mayo, cfr. Sentencia del Tribunal Superior de Justicia de Madrid (Sección 1ª) de 14 de abril de 2023 (Rec. 1187/2022). En relación con la exclusión del cómputo de la renta activa de inserción, que no es considerada como una renta exenta de cómputo, de conformidad con el meritado art. 8 y 18 del RD Ley 20/2020, se estima el recurso y se revoca la prestación, cfr. STSJ de Madrid, Sección 1ª, de 4 de febrero de 2022 (Rec. 796/2021). En relación con sentencias dictadas, una vez fue modificado el RDL 20/2020, cfr. Sentencias del TSJ (Madrid), Sección 5ª, de 19 de septiembre de 2022 (sentencia 488/2022) y de 21 de julio de 2022 (sentencia 475/2022).

cieron modificaciones, una vez entró en vigor la prestación de ingreso mínimo vital, a fin de reservarse el reconocimiento de su renta autonómica una vez el beneficiario hubiera obtenido la prestación del ingreso mínimo vital, convirtiendo a la renta autonómica, en su caso, en un mero complemento de la prestación estatal, invirtiendo la voluntad inicial del legislador estatal. Así, en la Ley 5/2022, de 19 de diciembre (BOE 4-2-23), de la renta canaria de ciudadanía se puede apreciar que la determinación de la cuantía reconocida en concepto de renta autonómica queda a expensas de la cuantía reconocida en concepto de ingreso mínimo vital.

2. UNA CONTINGENCIA EXTRAÑA AL SISTEMA DE LA SEGURIDAD SOCIAL

La pobreza y la insuficiencia de recursos económicos de las personas, cuando tal situación de pobreza no va precedida de circunstancias relacionadas con el desempleo, la enfermedad, la discapacidad, la muerte o alcanzar una edad avanzada, que son las contingencias que tradicionalmente han constituido una situación de atención para el sistema de la seguridad social, da pie a la necesidad de crear una nueva contingencia de la seguridad social que permita dar cobertura a aquellas personas cuya situación de necesidad no estaba protegida por el sistema de la seguridad social. Afrontar el tratamiento de esos problemas caía en manos de la caridad y de las instituciones benéficas, que resultaban insuficientes y con criterios indeterminados de reparto[7].

Por consiguiente, cualquier ciudadano en situación de vulnerabilidad económica originada por contingencias ajenas a las previstas en el sistema de la seguridad social, se obliga a los distintos poderes públicos dispensar la protección social desde los esquemas de la asistencia social. Se podría decir que, con anterioridad a la entrada en vigor del ingreso mínimo vital, este tipo de «vulnerabilidad económica», sin una causa justificada en contingencias previstas, no se les dispensaba la acción protectora del sistema de seguridad social, a pesar de la vocación universal que contiene el art. 41 CE[8].

---

7. Una muy atinada observación cuando se afirma que la beneficencia sobrevive de manera subrepticia en numerosos elementos del actual sistema, especialmente, cuando la acción protectora de la seguridad social no alcanza a ciertos colectivos de la población. Cfr. AGUILAR HENDRICKSON, M.: *«La huella de la beneficencia en los servicios sociales»*. Zerbitzuan: Gizarte zerbitzuetarako aldizkaria. Revista de servicios sociales, núm. 4., especialmente, pág. 10.

8. Sobre una reflexión de la aplicación de la Ley reguladora del ingreso mínimo vital, una doctrina que ha estudiado con detalle esta prestación contributiva afirma que la extensión de la protección social al conjunto de la ciudadanía se puede obtener mediante la técnica extensión de prestaciones asistenciales y, en este sentido, *«...la Ley 26/1990 no colmaba el modelo constitucional de Seguridad Social, sobre todo habida cuenta que a pesar de que el art. 41 de nuestra Norma Fundamental se inclina por una cierta asistencialización de la protección, en esta Ley no quedan plenamente cubiertas las situaciones de necesidad en las que puede*

Nuevas realidades y nuevos valores aconsejaban una ampliación de los objetivos de las políticas sociales y se promueve nuevos tipos de intervenciones que hagan frente a estos nuevos riesgos sociales que, aparentemente, no tenían una explicación dentro de los esquemas clásicos como la aparición de los «trabajadores pobres» [9], riesgos de exclusión social para niños y jóvenes etc. Es preciso recordar que los principales sindicatos y partidos políticos ya disponía de Proyectos de Ingreso Mínimo durante el año 2018, siendo relevante destacar que la necesidad de incorporar al campo de la acción protectora una prestación que supliera una falta estructural de rentas para muchas personas y familias está presente con anterioridad a la aparición de la pandemia. No obstante, no es exagerado afirmar que la aparición de esta causa extraordinaria amortizó plazos y aceleró su entrada en vigor [10].

A partir de un hecho extraordinario que acentuaba las situaciones de necesidad, se activaron, desde el gobierno del Estado, políticas sociales que reconocen una nueva contingencia, la vulnerabilidad económica, que trae causa de una determinada situación económica huérfana de protección en el sistema de la seguridad social y sin conexión con las tradicionales contingencias protegidas por el modelo de seguridad social de corte profesional. En definitiva, dentro de los esquemas de actuación de la seguridad social, se incorpora un auténtico derecho subjetivo mediante el reconocimiento de una nueva prestación consistente en la transferencia de un mínimo nivel de renta, en concurso con otros ingresos del beneficiario o de la unidad de convivencia, para facilitar el acceso a bienes y servicios esenciales, *«riesgos a los que una democracia social moderna y proactiva debe dar respuesta con medidas dirigidas a preservar el bienestar de sus ciudadanos»* [11].

---

encontrarse el ciudadano, ni con mucho. Sólo se atendía a tres contingencias, y de una forma muy restrictiva. No se cubría el riesgo de pobreza y exclusión social severa, sino únicamente las necesidades económicas de personas mayores o con un alto grado de discapacidad, y de forma residual el de personas con hijos a cargo». Por parte de esta doctrina científica, se ha afirmado que *«Establecida constitucionalmente la universalización del sistema de la Seguridad Social en el art. 41 CE, que se asienta sobre bases de solidaridad nacional y establecida como sistema de financiero..., y roto el automatismo de la relación entre cotización y prestación».* Cfr. BLASCO PELLICER, A.: *«Los requisitos para la configuración del derecho a prestaciones de seguridad social».* Trabajo, Contrato y Libertad. Estudios Jurídicos en Memoria de Ignacio Albiol (Coords José María Goerlich, Ángel Blasco Pellicer). Valencia, Universitat de Valencia, 2010, pág. 58.

9.   Cfr. CALVO GALLEGO, F.J.: *«Trabajadores pobres y pobreza de los ocupados: Una primera aproximación».* Temas Laborales. Núm. 134/2016, especialmente, págs. 68 y ss.

10. Cfr. un estudio exhaustivo y sistematizado del contenido de las propuestas de las principales formaciones políticas con sus perspectivas de aplicación y las necesidades de recursos públicos en NOGUERA, J.A.: *«El Debate político sobre la garantía de rentas en España: las propuestas de los partidos y sindicatos»* Panorama Social, primer semestre 2019, núm. 29, págs. 71 y ss. Se puede consultar el texto completo, también, en la siguiente página electrónica   https://www.funcas.es/wp-content/uploads/Migracion/Articulos/FUNCAS_PS/029art05.pdf (Visitada el 16 de noviembre de 2023).

11. Cfr. CAVAS MARTÍNEZ, F.; SEMPERE NAVARRO, A.V.: *«El ingreso mínimo vital en el marco de las políticas públicas de protección social: consideraciones generales»* El ingreso

Probablemente, esta novel incorporación en el ordenamiento jurídico español ha reabierto viejos debates sobre cuál es la verdadera naturaleza jurídica y el título competencial apropiado para legislar sobre esta materia, teniendo en cuenta que serpentea entre espacios reservados a la seguridad social y a la asistencia social, temática sensible en el reparto competencial entre el Estado y las Comunidades Autónomas que, como se verá más adelante, una vez presentado el correspondiente conflicto de competencias tuvo que resolver el Tribunal Constitucional haciendo aflorar la delicadas costuras del Título VIII del Texto Constitucional y las incoherencias del texto de la norma urgente y extraordinaria por parte de las distintas Administraciones Públicas.

En relación con el reparto de competencias y las numerosas administraciones públicas enroladas en el establecimiento de ayudas para estos ciudadanos en situación de vulnerabilidad económica, se hace preciso abrir una reflexión sobre el acceso a estas ayudas, facilidad que se debiera manifestar en la aproximación al ciudadano de una «ventanilla única» que soslaye el «peregrinaje administrativo» y los excesos de burocracia a los solicitantes de las prestaciones para amortiguar efectos de la vulnerabilidad económica y de la exclusión social, máxime cuando la información básica para evaluar las solicitudes dispone de ellas la Administración y, especialmente, por la progresiva digitalización de las intercomunicaciones entre el ciudadano y las administraciones públicas.

Por último, es precisa resaltar las iniciativas emprendidas por los distintos órganos de la Unión Europea en materia de inclusión social como manifestación de una «competencia compartida» entre la Unión y los Estados Miembros, esto es, se trata de una materia en la que los Estados Miembros no han trasferido su soberanía a la Unión. Esta técnica de reparto competencial supone que la política social comunitaria reenvía a la legislación de los Estados la implantación y la extensión de las ayudas de ingresos mínimos, con base jurídica en el art. 3.3 del Tratado de la Unión Europea en las políticas inclusión social. En definitiva, la política social comunitaria únicamente plantea una serie de objetivos y líneas de acciones con mucho margen de actuación y que, desde luego, deja en manos de los Estados Miembros qué modalidad de renta básica desarrolla[12].

---

mínimo vital. Una perspectiva global: regulación estatal, derecho comparado y conexión con rentas mínimas autonómicas (Dirigido y coordinado por Faustino Cavas y Belén García). Madrid, Agencia Estatal BOE, 2021, págs. 31-34.

12.   Sobre el debate sobre cuál es el modelo apropiado de renta mínima se puede consultar GORJON GARCÍA, L: «*Renta básica universal y renta mínima: ¿soluciones para el futuro?*» Información Comercial Española, ICE, Revista de economía núm. 911, 2019, (Ejemplar dedicado a: Un nuevo contrato social en una nueva economía), págs. 93-110.

La política social de la unión europea sobre inclusión social y el título constitucional del ingreso mínimo vital

SUMARIO: 1. UNIÓN EUROPEA Y EL EJERCICIO DE «COMPETENCIAS COMPAR-TIDAS» EN MATERIA DE INCLUSIÓN SOCIAL. 2. PLURALIDAD DE PRESTACIONES Y EL TÍTULO COMPETENCIAL. *2.1. El título competencial bifronte del ingreso mínimo vital: entre la «asistencia social» y la «seguridad social». 2.2. ¿Existe una adscripción al título competencial de la ley reguladora del ingreso mínimo vital?.* 3. LA FRAGMENTACIÓN DE LA ACCIÓN PRO-TECTORA Y EL PEREGRINAJE ADMINISTRATIVO DE LOS BENEFICIA-RIOS. 4. ¿UNA CESIÓN DE LA GESTIÓN DEL IMV A LAS COMUNIDADES AUTÓNOMAS DE RÉGIMEN COMÚN POR LA VÍA DE «URGENCIA» O UNA TRANSFERENCIA COMPETENCIAL ENCUBIERTA?.

1. UNIÓN EUROPEA Y EL EJERCICIO DE «COMPETENCIAS COMPARTIDAS» EN MATERIA DE INCLUSIÓN SOCIAL

La aparición del debate sobre el reconocimiento de «rentas mínimas» o «rentas básicas universales» ya consta en antecedentes y documentos de finales del siglo pasado que en versiones blandas del ordenamiento de la entonces Comunidad Económica Europea animaban a los Estados miembros al estableci-miento de políticas sociales que garantizaran al conjunto de la población vul-nerable una prestación social básica y suficiente, sin que se especificara qué técnica jurídica debiera emplear los poderes públicos de los Estados Miembros para su puesta en funcionamiento.

En concreto, en la Recomendación 441/92/CEE del Consejo, de 24 de junio de 1992, sobre criterios comunes relativos a los recursos y prestaciones sufi-cientes en los sistemas de protección social, y en sintonía con la fuente formal empleada, se incentivaba a los Estados Miembros al establecimiento de pres-taciones garantizadas, suficientes estables y regulares para adaptarse a contin-gencias que no estaban expresamente previstas en los sistemas profesionales derivados de la técnica de protección inspiradas en la seguridad social[13], a fin de favorecer el acceso a bienes y servicios básicos a estos colectivos de población desprotegidos[14].

Entre el contenido del acervo social de las instituciones de la Unión Europea, la política de inclusión social se manifiesta mediante una actuación coordinada de los poderes públicas en diversas materias desde la atención sanitaria[15], pensiones y cuidados de larga duración a las personas por ser situaciones vitales que empujan a las personas en incurrir en situaciones de exclusión social[16]. Se trata de políticas que comparten la Unión con los Estados Miembros para reforzar el carácter integrador y la cohesión de la sociedad europea y hacer posible, en la medida de lo posible, que los colectivos menos favorecidos queden en situación de exclusión social por circunstancias previsibles y evitables.

En lo que atañe a las iniciativas o propuestas del organismo comunitario en materia de inclusión social, la Unión Europea se ha dotado de una base jurídica en ese campo de actuación de la que anteriormente carecía[17], base jurídica que se proclama en el artículo 3, apartado 3, del Tratado de la Unión Europea; en los artículos 19 y 145 a 161, del Tratado de Funcionamiento de la Unión Europea

---

13. Cfr. GARCÍA GIL, M. B.: «*Compatibilidad e incompatibilidad de la prestación*», En el Libro Ingreso mínimo vital, (Coord. A.V. Sempere Navarro), Cizur Menor-Navarra, (Thomson Reuters), 2021, consultado en la versión e-book, págs. 1-6.

14. Procede su reconocimiento a favor de extranjero que ha solicitado asilo en España, considerando que la situación transitoria desde el momento en que se presenta la solicitud de asilo hasta que la misma es resuelta definitivamente por el Estado competente, determina que sea considerado provisionalmente como refugiados, resultándole de aplicación el artículo 70 del Reglamento (CE) nº 883/2004, del Parlamento Europeo y del Consejo de 29 de abril. Cfr. Sentencia de la Social del Tribunal Superior de Justicia (Comunidad de Madrid, Sección 1ª, de 7 de marzo de 2022 (Rec.955/2021).

15. Cfr. CABALLERO PÉREZ, M.J.: «*La protección de la salud en el marco internacional y de la Unión Europea. La coordinación comunitaria de los sistemas de asistencia sanitaria*». La modernización de la asistencia sanitaria: Cohesión interterritorial, atención sociosanitaria ante el envejecimiento y revolución digital en la sanidad (Directoras María Nieves Moreno Vida y Mª Teresa Díaz Aznarte), Granada, (Comares), 2022, págs. 47-78.

16. Cfr. MARTÍNEZ MARTÍNEZ, V. L.: «*Los Cuidados De Larga duración En La Unión Europea*». Revista Latinoamericana de Derecho Social, vol. 1, n.º 35, agosto de 2022, pp. 127 y ss.

17. Desde una perspectiva autocrítica, los propios órganos comunitarios declaran que entre 1975 y 1994, la Comunidad Económica Europea llevó a cabo una serie de proyectos y programas piloto concebidos para combatir la pobreza y la exclusión. En cambio, la ausencia de una base jurídica de Derecho comunitario hacía cuestionar tanto la propia existencia de una competencia como la actuación comunitaria de esas políticas sociales. Mas tarde, el Tratado de Ámsterdam (1999), sí declaraba que la erradicación de la exclusión social como objetivo de la política social comunitaria. De hecho, en el año 2000 se creó un Comité de Protección Social para fomentar la cooperación entre los Estados miembros y con la Comisión (artículo 160 del TFUE). Cfr. PARLAMENTO EUROPEO: «La lucha contra la pobreza, la exclusión social y la discriminación», se puede consultar en la siguiente página electrónica https://www.europarl.europa.eu/factsheets/es/sheet/60/la-lucha-contra-la-pobreza-la-exclusion-social-y-la-discriminacion (Visitada el 14/11/2023).

(TFUE), y en el título III de la Carta de los Derechos Fundamentales de la Unión Europea.

Con posterioridad, las tres instituciones de la Unión Europea emprendieron nuevas actuaciones que se plasmaron en el compromiso denominado *«Pilar europeo de derechos sociales»*. Estas actuaciones de la Unión Europea ha permitido avanzar en algunas iniciativas legislativas y políticas, como la Directiva (UE) 2019/1152 relativa a unas condiciones laborales transparentes y previsibles y el Reglamento (UE) 2019/1149 por el que se crea la Autoridad Laboral Europea, y la Recomendación del Consejo, de 8 de noviembre de 2019, relativa al acceso a la protección social para los trabajadores por cuenta ajena y por cuenta propia y, finalmente, en relación con las personas incorporadas al mercado de trabajo, la Directiva (UE) 2022/2041 sobre unos salarios mínimos adecuados con el objetivo de luchar contra la pobreza de las personas con empleo. Como se puede observar, se trata de mandatos dirigidos a garantizar unos ingresos mínimos a los que realizan una actividad económica, pero sin prestar una atención específica a aquellos colectivos que se encuentran en situación vulnerabilidad económica ante la falta de su incorporación efectiva al mercado de trabajo.

En cuanto a la relación entre las normas del acervo comunitario y el establecimiento de ingresos mínimos, es preciso resaltar que hasta ahora la Unión carece de una base jurídica fuerte para la implementación de políticas vinculantes para que sean adoptadas por parte de la legislación de sus Estados Miembros que permitan desplegar programas reservados a salvaguardar *«el derecho a un mejor ingreso mínimo garantizado»*[18].

A pesar de la ausencia de mandato de la Unión Europea, porque los Estados Miembros no han cedido esa porción del ejercicio de la soberanía en la elaboración de una política social comunitaria dirigida al establecimiento de un ingreso mínimo vital, el Tratado de Funcionamiento de la Unión Europea, en su art. 4.2.2, se ha alcanzado a reconocer una «competencia compartida», esto es, que los Estados miembros pueden efectuar un desarrollo normativo, en el momento y en la intensidad que estimen apropiadas, mientras la Unión Europea no haya establecido los contornos o rasgos básicos de sus propias condiciones en el contexto de una política comunitaria de inclusión social[19].

---

18. Cfr. NATO, A.: *«El ingreso mínimo garantizado en la Unión Europea entre la crisis económica y el Pilar Europeo de los Derechos Sociales: aspectos críticos de un instrumento legal positivo y esencial para combatir la pobreza»*. Ius et Veritas, (59), 2019, pág. 258, citando a BOAZZO, P.: *«Reddito Minimo e Welfare Multilivello: Percorsi normativi e iurisprudenziali»*, Giornale di diritto del lavoro e di relazioni industriali, 2011, pág. 602.

19. Cfr. MANGAS MARTÍN, A.: *«Delimitación y modo de ejercicio de las competencias en el Tratado constitucional de la Unión Europea»*. Revista del Ministerio de Trabajo y Asuntos Sociales, núm. 51, págs. 52-53. Cuando la Unión usa su competencia, los Estados miembros deben respetar la aplicación de las reglas europeas y no pueden volver a intervenir en ese

Desde luego, esto no se ha de interpretar como una situación en que la Unión haya dejado desierta su aportación en materia de ingresos mínimos pues, a pesar de que se trate de una «competencia compartida», la lucha contra la pobreza y la exclusión social constituye uno de los objetivos específicos de la Unión y de sus Estados Miembros en el ámbito del ejercicio de políticas sociales más genéricas y, de hecho, se ha sucedido distintos hitos que han tenido una sólida influencia en la política social de la Unión[20]. De conformidad con el artículo 153 del TFUE, la inclusión social debe conseguirse sobre la base de la cooperación no legislativa —el método abierto de coordinación—, mientras que en el artículo 19 del TFUE prevé que la Unión adopte medidas para combatir la discriminación tanto ofreciendo protección jurídica a posibles víctimas, como creando incentivos para reforzar actuaciones de inclusión social por parte de los Estados.

En este sentido, el plan de acción del pilar europeo de derechos sociales de marzo de 2021 contenía una serie de iniciativas en la línea de brindar protección en aquellos grupos de ciudadanos necesitados de inclusión social. Así, se puede citar «*la Estrategia de la UE sobre los Derechos del Niño, la Recomendación del Consejo por la que se establece una Garantía Infantil Europea, la Plataforma Europea para Combatir el Sinhogarismo, la Recomendación del Consejo sobre una renta mínima adecuada que procure la inclusión activa, la Estrategia Europea de Cuidados y un Grupo de Alto Nivel sobre el Futuro de la Protección Social y del Estado de Bienestar*», que ha presentado 21 recomendaciones para mejorar los sistemas de protección social y los Estados del bienestar[21].

Últimamente, se han adoptado iniciativas por la Unión Europea en aplicación del Mecanismo de Recuperación y Resiliencia (en adelante, MRR), Mecanismo que entró en vigor en febrero de 2021, con el objetivo de proporcionar hasta una elevadísima cuantía de millones de financiación, hasta finales del año 2026, para mitigar el impacto económico y social de la crisis de la COVID-19. En dos de los seis pilares establecidos en el MRR contribuirán a luchar contra la pobreza y la exclusión social. En marzo de 2022, en el contexto de la invasión rusa de Ucrania, la Comisión presentó una propuesta de Acción de Cohesión para los Refugiados en Europa (CARE) que persigue introducir más flexibilidad en las normas de la política de cohesión para el período 2014-2020[22] que, desde luego, va a tener un

---

sector. Sin embargo, «*la Unión no ha utilizado su competencia existente en instrumentos legislativos específicos que sean vinculantes (medidas de hard law) todavía, tanto en relación con políticas sociales como con ingreso mínimo garantizado, sino únicamente con medidas de soft law*». Cfr. NATO, A.: «*El ingreso mínimo garantizado en la Unión Europea Entre la crisis económica y el Pilar Europeo de los Derechos Sociales…*» *Op. Cit.*, pág. 258.

20.	Sin duda, uno de los mejores estudios sobre la influencia de estos hitos «soft law» del Derecho de la Unión Europea en la configuración de la regulación nacional de los Estados Miembros se puede consultar en CAVAS MARTÍNEZ, F SEMPERE NAVARRO, A.V.: «*El ingreso mínimo vital en el marco de las políticas públicas de protección social: consideraciones generales*». Op. cit. págs. 31-34.

21.	Cfr. Fichas temáticas del Parlamento Europeo *ut supra*.

22.	Con la financiación procedente de la Unión, los Estados Miembros adoptan medidas trans-

impacto sobre estos sectores de población para brindarles el acceso a un marco normativo que reconozca el derecho a alguna modalidad de rentas mínimas.

2. PLURALIDAD DE PRESTACIONES Y EL TÍTULO COMPETENCIAL

2.1. EL TÍTULO COMPETENCIAL BIFRONTE DEL INGRESO MÍNIMO VITAL: ENTRE LA «ASISTENCIA SOCIAL» Y LA «SEGURIDAD SOCIAL»

En tiempos pasados ya se ha asistido a los conflictos de competencia, en unas ocasiones instados por el Estado frente a la legislación autonómica y, en otras, por las Comunidades Autónomas alegando una posible invasión de sus competencias exclusivas por parte del Estado, conflictos que indefectiblemente han de ser resueltos por el Tribunal Constitucional para deslindar a quién le corresponde el ejercicio adecuado de la competencia normativa discutida.

Ante la periódica aparición de estos episodios acerca de la problemática determinación del título competencial apropiado, cuando la legislación impugnada regula seguridad social, pero invade espacios de la asistencia social o viceversa, especialmente, es preciso aclarar si el ejercicio de las competencias corresponde al Estado, cuando la materia regulada se refiere al campo de la seguridad social o, en cambio, cuando esa legislación se corresponde con el ejercicio de competencias de la asistencia social y, aparentemente, dicha competencia legislativa le correspondería a la Comunidad Autónoma.

Por eso, una vez más, será conveniente repensar cuáles son las pautas de esta doctrina constitucional[23] y el tipo de conflicto de competencias en atención a la tipología de los supuestos ya resueltos[24].

---

versales, como las que se describe en España por el Mecanismo de Recuperación y Resiliencia, medidas relacionadas con la política social y que se puede consultar en la siguiente página electrónica https://www.hacienda.gob.es/es-ES/CDI/Paginas/FondosEuropeos/Fondos-relacionados-COVID/MRR.aspx (Visitada el 14/11/2023).

23. Sobre los episodios anteriores de conflictos de competencia o recursos de inconstitucionalidad entre la regulación de «seguridad social» o de «asistencia social» se puede consultar estudios doctrinales que aportaron puntos de entendimiento sobre los mismos, especialmente, en VILLA GIL, L.E. de la: *«El modelo constitucional de protección social. Revista Doctrinal Aranzadi Social num.3/2004 parte Estudio».* BIB 2004\426; PALOMAR OLMEDA, A.: *«El deslinde entre seguridad social y asistencia social, una cuestión clásica, de nuevo en entredicho.»* Repertorio Aranzadi del Tribunal Constitucional núm. 20/2002 parte Estudio. BIB 2003\41 y SUÁREZ CORUJO, B.: *«Los persistentes problemas de delimitación competencial en el ámbito social: a propósito de la STC 33/2014, de 27 de febrero.»* Revista de Información Laboral num.5/2014 parte Artículos doctrinales. BIB 2014\2262.

24. Es preciso resaltar, por una parte, la aprobación de los complementos de las pensiones no contributivas que reguló la comunidad autónoma de Andalucía y que originó un conflicto de competencias que se resolvió mediante la sentencia del Tribunal Constitucional de 11 de diciembre de 2002 (STC 239/2002) y más recientemente, con ocasión de la entrada en vigor del RDLIMV 20/2020, de 29 de mayo, que aprobó el ingreso mínimo vital, se presentó el

Inspirados en esos precedentes de conflicto competencial, aunque con elementos diferenciales, el más reciente conflicto de competencias trae causa de una regulación procedente del Estado, la del ingreso mínimo vital. En esta ocasión, se trata un conflicto planteado a apropósito de una prestación definida como prestación no contributiva de la Seguridad Social (art. 2.2 LIMV en relación con el art. 149.1.17 CE); el recurso de inconstitucionalidad se interpone a iniciativa de la representación de una comunidad autónoma que, en su opinión, la norma estatal ha invadido sus competencias porque afirma que esa materia está encuadrada entre las que recoge como exclusiva en su Estatuto de Autonomía[25]. En concreto, la norma legal enjuiciada es la primera versión del Real Decreto Ley 20/2020, de 29 de mayo, del ingreso mínimo vital. A resultas de la interposición del mencionado conflicto de competencias por el Gobierno de la Generalitat de Cataluña se dictó la sentencia del Tribunal Constitucional 158/2021, de 16 de septiembre, con su correspondiente voto particular.

En la mencionada sentencia y parafraseando su *ratio decidendi*, que reproduce la doctrina sentada en los precedentes anteriormente citados, se afirma que, desde una perspectiva constitucional, el art. 41 CE permite aseverar que, junto a la «*asistencia social externa*», proporcionada a nivel autonómico, también existe una asistencia social *interna* al sistema de Seguridad Social (STC 239/2002, F.J. 5°) configurada por prestaciones de naturaleza «no contributiva» —entre las que se encuentra el IMV— a través de las que el Estado cumple el mandato que le encomienda el citado precepto constitucional, esto es, garantizar «*asistencia y prestaciones sociales suficientes ante situaciones de necesidad*».

En definitiva, el que la Generalitat de Cataluña haya asumido estatutariamente como competencia exclusiva las competencias de asistencia social (art. 166 EAC) y, en el ejercicio de sus funciones, garantice unas rentas mínimas en su ámbito territorial, esto no puede afectar al ejercicio de las competencias

---

recurso de inconstitucionalidad por la Comunidad Autónoma de Cataluña frente al Estado que fue resuelto mediante Sentencia de 16 de septiembre de 2021 (STC 158/2021). En ambos episodios, por una parte, se pretende delimitar el campo de actuación del título competencial de la asistencia social, que le corresponde a las Comunidades Autónomas y al Estado y, por otra parte, delimitar la competencia exclusiva de Seguridad Social que el art. 149.1.17 CE reconoce al Estado. Por último, es preciso resaltar la STCO 19/2024, de 31 de enero, a propósito de la gestión, tramitación y pago del IMV por parte de las Comunidades Forales (País Vasco y Navarra).

25. En este sentido, se afirma por parte de la representación de la Comunidad Autónoma de Cataluña que la regulación aprobada mediante el R.D. Ley 20/2020, de 29 de mayo, se ha excedido y se han visto afectadas tanto su competencia exclusiva sobre servicios sociales, con la referencia sobre prestaciones económicas [art. 166 del Estatuto de Autonomía de Cataluña (EAC)], como las correspondientes al desarrollo y ejecución de la legislación estatal en materia de Seguridad Social, salvo las normas que configuran el régimen económico [art. 165.1 a) EAC], con mención, también, de la competencia sobre reconocimiento y gestión de las pensiones no contributivas [art. 165.1 e) EAC]. Cfr. Antecedente 2.b) del STC 158/2021, de 16 de septiembre.

del Estado (*ex* art. 149.1 CE) cuando éstas concurran con las autonómicas sobre el mismo espacio físico o sobre el mismo objeto jurídico (STC 31/2010, de 28 de junio, FJ 104). En corto, a juicio del Tribunal Constitucional, aunque la Generalitat de Cataluña enuncie como competencias exclusivas las atinentes a la asistencia social, esta circunstancia no enerva las diferentes competencias del Estado que puedan estar implicadas (entre ellas, las previstas en el art. 149.1.17 CE), «*que constituyen límites infranqueables a los enunciados estatutarios*» (STC 31/2010, FJ 102). En cuanto a los aspectos de la gestión, el Intérprete Constitucional considera que la norma no ha vulnerado las competencias que el título competencial de asistencia social corresponde a Cataluña. Por consiguiente, se descarta la invasión competencial discutida porque entra dentro de la competencia estatal sobre legislación básica en materia de Seguridad Social, la fijación de los requisitos, alcance y régimen jurídico de las prestaciones de Seguridad Social y también la determinación de su «*modelo de gestión*»[26].

En modo resumido, a juicio del Tribunal Constitucional, el Estado mantiene la competencia exclusiva en materia de legislación básica de Seguridad Social (art. 149.1.17.ª CE), y por consiguiente, «*la determinación de una prestación de la Seguridad Social constituye una norma básica que corresponde establecer al Estado*», y eso es aplicable a la norma impugnada en cuanto se refiere al «*procedimiento para la solicitud, la tramitación y el reconocimiento del ingreso mínimo vital, instaurando un modelo de gestión atribuido al INSS*»[27].

La aparición de conflictos de competencias entre Estado y CCAA, resultado de la aplicación de las reglas del Título VIII de la Constitución española, como también ya se ha producido en otras esferas del ordenamiento jurídico, ha entorpecido el despliegue de la acción protectora derivadas de la situación de pobreza y de la exclusión social, contingencia[28] a las que han de hacer frente el contenido de las políticas públicas del Estado y de las Comunidades Autónomas, en busca de la prevención de la exclusión social y la superación de situaciones de vulnerabilidad económica[29]. A pesar de los esfuerzos efectuados por el Tribunal

---

26. Interesante estudio de esta sentencia del Tribunal Constitucional en MARTÍN-POZUELO LÓPEZ, Á.: «*El Ingreso Mínimo Vital ante el Tribunal Constitucional: El problema de la delimitación competencial (A propósito de la Sentencia núm. 158/2021, de 16 de septiembre)*». Revista de Derecho de la Seguridad Social, Laborum. 31 (2022), especialmente, pág. 141 y ss.
27. Cfr. STCO 158/2021, de 16 de septiembre, en f.j. 5.
28. La contingencia protegida por el IMV es la situación de vulnerabilidad económica (art. 11 LIMV). Para su determinación se toma en consideración la capacidad económica de la persona solicitante beneficiaria individual o, en su caso, de la unidad de convivencia en su conjunto, mediante el cómputo de los recursos de todos sus miembros. A tal efecto se valoran tanto los ingresos como el patrimonio.
29. Cfr. Sobre esta cuestión, se puede consultar por su afinidad con el tema aquí tratado, FERNÁNDEZ ORRICO, F.J.: «*El Complejo reparto de competencias Estado-Comunidades Autónomas en materia de Seguridad Social, a propósito de las pensiones no contributivas*». Revista del Ministerio de Trabajo y Asuntos Sociales: Revista del Ministerio de Trabajo e Inmigración, Nº 54, 2004, págs. 81-126.

Constitucional para depurar y afinar las áreas de competencia en materia de seguridad social, asistencia social entre el Estado, las Comunidades Autónomas (art. 149.1.20 CE) e incluso por las Corporaciones de la Administración Local[30], persiste un marco jurídico confuso y propenso a la aparición de conflictos de competencia que deteriora el ejercicio y el acceso de estos derechos por parte de los ciudadanos, identificando con dificultad cuál será las Administración Pública competente, especialmente, ante la amplia tipología de rentas mínimas existentes en cada una de las comunidades autónomas y, además, una extensa tipología de ayudas públicas procedentes de las entidades locales mediante técnicas propias de asistencia social o servicios sociales[31].

Desde luego, la problemática de la distribución de competencias ideada por el legislador constitucional de 1978 entre Estado y las Comunidades Autónomas en general y, específicamente, en materia de seguridad social-asistencia social, persiste[32]. Téngase en cuenta que distintos y variados son los argumentos que han alimentado esta complicada situación: por un lado, el Estado también ha visto reconocida una variante de la asistencia social cuando esta actuación estatal es precisa para garantizar la igualdad entre todos los españoles; por otro lado, se ha consolidado la denominada seguridad social no contributiva mediante la regulación estatal sobre el IMV que, desde luego, exige renovar esfuerzos interpretativos a la jurisprudencia del Tribunal Constitucional y que, con buen criterio, ya han sido analizados por la doctrina científica[33].

---

30. Con una técnica de ejercicio de las competencias, esto es, por acuerdo con la Administración titular de la competencia que es delegada a una administración más próxima al ciudadano. En este sentido, el art. 70 del RD Legislativo 781/1986, de 18 de abril, por el que se aprueba el texto refundido de las disposiciones legales vigentes en materia de Régimen Local establece: *«Mediante el correspondiente acuerdo, las Entidades locales podrán también asumir, o, en su caso, colaborar en la realización de obras o en la gestión de servicios del Estado, incluidos los de la Seguridad Social, a través de cualquiera de las formas de gestión previstas por las leyes, y, en todo caso, mediante consorcio o convenio».*

31. Sobre esta extensa red de asistencia social y ayudas en las corporaciones locales, cfr. FERNÁNDEZ BERNAT, J.A.: *«La dimensión local de las políticas sociales en la estrategia europea: En particular, las políticas asistenciales (asistencia social y servicios sociales) atribuidas a las entidades u organismos locales y ejecución de las políticas estatales en la materia».* El empleo en el ámbito local. Coord. por J.C. Álvarez Cortés; F.V. Vila Tierno. Granada, (Comares), 2017, págs. 103-126.

32. Por ello, se ha afirmado que incluso con *«el aval que ha supuesto ese pronunciamiento de nuestra jurisdicción constitucional para la opción tomada por el legislador, es posible que una prestación económica rotundamente asistencial dirigida a situaciones de pobreza —como es el IMV— encajara mejor en el ámbito de competencias constitucionalmente asignado a las comunidades autónomas (el de la asistencia social) que en el sistema de la seguridad social».* Cfr. GARCÍA MURCIA J.: *«El ingreso mínimo vital en España: caracterización general y algunos puntos críticos»,* en El ingreso mínimo vital en el sistema español de protección social. Oviedo, (Joaquín García Murcia-editor KRK Laboral), 2022, pág. 39.

33. Un completo análisis de las sucesivas sentencias del Tribunal Constitucional sobre distribución de competencias acerca de las materias seguridad social/asistencia social entre Estado y Comunidades se puede consultar en RAMOS QUINTANA, M.I.: *«El ingreso mínimo vital como instrumento para combatir la pobreza y la exclusión social desde el sistema de la seguridad social».* Revista Hacienda Canaria, núm. 53, 2020, págs. 306-308.

En definitiva, la doctrina legal del Tribunal Constitucional, especialmente la dictada con anterioridad a la regulación del IMV, ya venía sosteniendo que la competencia de la denominada asistencia social, aun siendo exclusiva de las Comunidades Autónomas, deja abiertos resquicios en los que, *«pueden existir supuestos especiales o particulares que requieran un planteamiento global del ámbito estatal, a través de intervenciones de Asistencia Social de alcance supraautonómico...»*, por lo que el Estado mantiene reconocidas competencias para intervenir en tales casos (STC 146/1986, de 25 de noviembre). En concreto, en sentencias que resolvían conflictos de competencias y dictadas, con ocasión de la aprobación de otras pensiones no contributivas, esto es, pensiones de invalidez y jubilación en la década de los años noventa.

Con todo ello, no es de extrañar que este conflicto de competencias no se pueda entender bien cerrado y ya se anuncien otras posibles variantes sobre la misma cuestión, especialmente el recurso interpuesto ante el traspaso de competencias íntegras a los territorios forales, la Comunidad Autónoma del País Vasco y la Comunidad Foral de Navarra, aún pendiente de sentencia[34]; o que la Comunidad Autónoma que ha visto desestimado su conflicto de competencias reclame obtener el mismo tratamiento que los territorios forales, aunque en el marco de la Comisión de Transferencias o con un atajo como ha sido[35].

2.2. ¿EXISTE UNA ADSCRIPCIÓN AL TÍTULO COMPETENCIAL DE LA LEY REGULADORA DEL INGRESO MÍNIMO VITAL?

En este sentido, conviene tener en cuenta que el Real Decreto-ley 20/2020, reguló el IMV como «prestación dirigida a prevenir el riesgo de pobreza y exclusión social» de las personas en situación de vulnerabilidad por carecer de recursos económicos suficientes para la cobertura de sus necesidades básicas (art. 1), en desarrollo del art. 41 CE (que obliga a los poderes públicos a mantener un régimen público de Seguridad Social para todos los ciudadanos, *«que garantice*

---

34. En este sentido, ya se ha interpuesto Recurso de inconstitucionalidad n.º 2061-2022, contra la disposición final trigésima de la Ley 22/2021, de 28 de diciembre, de Presupuestos Generales del Estado para el año 2022, que modifica la disposición adicional quinta de la Ley 19/2021, de 20 de diciembre, por la que se establece el ingreso mínimo vital, disposición adicional quinta que, precisamente, regula aplicación de la Ley 19/2021 en los territorios forales y cuyo párrafo primero fue modificado según los dispuesto en la Disposición Final 3ª de la Ley 22/2021, de Presupuestos Generales del Estado para el año 2022 (BOE núm. 96, de 22 de abril de 2022, página 55164), recurso ya resuelto por la STCO 19/2024, de 31 de enero de 2024 que desestima íntegramente el recurso de inconstitucionalidad interpuesto los diputados de un Grupo Parlamentario.

35. No es extraño que se haya afirmado que *«El Gobierno ultima el traspaso de la gestión del ingreso mínimo vital a Cataluña para abrochar el acuerdo con ERC. La gestión de la prestación es una demanda a la que el Ejecutivo...ya se había comprometido el año pasado»*. Así consta en la prensa escrita publicada el pasado 31 de octubre de 2023. Se puede consultar en la página electrónica www.elpaís.com (Visitada 28 de noviembre de 2023). Finalmente, como no podía ser de otra manera se ha extendido a todas Comunidades Autónomas que lo soliciten, como se verá más adelante.

la asistencia y prestaciones sociales suficientes ante situaciones de necesidad, especialmente en caso de desempleo» (art. 2.2 LIMV) y, sin perjuicio de las ayudas que las comunidades autónomas puedan establecer en el ejercicio de sus propias competencias.

De este modo, el ingreso mínimo vital pasa a formar parte «de la acción protectora del sistema de la Seguridad Social como prestación económica en su modalidad no contributiva» (art. 2.2 LIMV), instaurando, tal y como la propia exposición de motivos del real decreto-ley advierte y reitera la norma legal tras su tramitación parlamentaria como Proyecto de Ley, un «*mecanismo de garantía de ingresos de ámbito nacional*» que, superando las desigualdades derivadas de las diferentes políticas de rentas mínimas autonómicas, afronta el riesgo general de la pobreza de forma homogénea en todo el Estado por medio de una «red de protección mínima y común de ingresos garantizados por la Seguridad Social».

En este sentido, siendo objeto de controversia a resolver por el Tribunal de Garantías, si la regulación jurídica de una prestación que, como ha quedado dicho, forma parte de la acción protectora de la Seguridad Social, lo más relevante que hay que tomar en consideración reside en la determinación de la materia objeto de regulación y, a continuación, proceder a la determinación del título competencial apropiado.

En respuesta, a esas dos cuestiones no es controvertido que el IMV se suma a otras prestaciones de la seguridad social no contributiva ya existentes, competencia que se encuentra en el listado relativo a las competencias exclusivas del Estado, «*sin perjuicio de la ejecución de sus servicios por las Comunidades Autónomas*» (Ar. 149.1.17 CE), cerrando el debate constitucional con una reiteración de doctrina anterior acerca del complejo sistema relaciones que mantienen la asistencia social, como competencia que podrán asumir las Comunidades Autónomas (art. 148 CE) y las competencias de seguridad social que corresponden en exclusiva al Estado[36].

Por todo ello, la atribución competencial al Estado para dictar la norma con rango de ley en materia de ingreso mínimo vital no descarta otras actividades

---

36.　En este sentido, y en la parte dispositiva de la Sentencia del Tribunal Constitucional 158/2021, de 16 de septiembre de 2021, en el FJ 5º se afirma la distinta naturaleza entre el «ingreso mínimo vital» (prestación no contributiva de la Seguridad Social) con la «renta garantizada de ciudadanía» (ayuda de asistencia social autonómica), y «*…el que la Generalitat de Cataluña haya asumido estatutariamente como competencia exclusiva las de asistencia social (art. 166 EAC) y, en el ejercicio de sus funciones, garantice unas rentas mínimas en su ámbito territorial, no puede afectar al ejercicio de las del Estado (ex art. 149.1 CE) cuando estas concurran con las autonómicas sobre el mismo espacio físico o sobre el mismo objeto jurídico (STC 31/2010, de 28 de junio, FJ 104). En otras palabras, aunque la Generalitat de Cataluña enuncie como competencias exclusivas las atinentes a la asistencia social, esta circunstancia no enerva las diferentes competencias del Estado que puedan estar implicadas (entre ellas, las previstas en el art. 149.1.17 CE), «que constituyen límites infranqueables a los enunciados estatutarios» (STC 31/2010, FJ 102)».*

relacionadas con la «*...la ejecución de sus servicios por las Comunidades Autónomas*». Así pues, es posible considerar que la competencia de reconocimiento, gestión y pago de la prestación se asuma por las comunidades autónomas si se consideraran tareas encuadrables en el término «*ejecución*» previsto en el art. 149.1.17 CE. De hecho, como ya sucede en las tareas de control y gestión de otras prestaciones no contributivas de la Seguridad Social, que son gestionadas por las comunidades autónomas atendiendo a lo previsto en el art. 373 Texto Refundido de la Ley General de la Seguridad Social y, aparentemente, no se atisba indicio alguno de que ello se convierta en germen de un conflicto de competencias entre ambas Administraciones.

Por fin, el art. 149.1.17 CE, al margen de la delimitación del debate competencial, permite explorar nuevas vías de cooperación de las comunidades autónomas en la referida gestión, preservando los principios de unidad e igualdad en los que se fundamenta el sistema. Por consiguiente, en ausencia de un convenio que active tal colaboración en la gestión y especifique las concretas facultades que puedan asumir las Comunidades Autónomas sin comprometer el modelo unitario de Seguridad Social para facilitar y hacer más efectiva una gestión igualitaria de la nueva prestación del ingreso mínimo vital.

Más dificultades entraña explicar, desde una perspectiva técnico-jurídica, el contenido y el encaje constitucional de la Disposición Adicional 5ª de la Ley 19/2021[37] que atribuye las competencias del INSS en territorio de Derecho foral a las Diputaciones Forales de País Vasco y Navarra y ello, a juicio de la reciente doctrina constitucional, no entraña ningún riesgo de inconstitucionalidad pues, en reciente sentencia del Tribunal Constitucional 19/2024, de 31 de enero, éste constata que el modelo de gestión previsto en la disposición impugnada reproduce el mismo modelo que se viene aplicando para las pensiones no contributivas de jubilación e invalidez desde su creación en 1990. En efecto, «*dichas prestaciones vienen gestionándose por las CCAA, si bien en las de régimen común*

---

37. Este precepto establece:
    «*En razón de la especificidad que supone la existencia de haciendas forales, en relación con esta prestación, las comunidades autónomas de régimen foral asumirán, con referencia a su ámbito territorial, las funciones y servicios correspondientes que en esta Ley se atribuyen al Instituto Nacional de la Seguridad Social así como, en atención al sistema de financiación de dichas haciendas forales, el pago, en relación con la prestación económica no contributiva de la Seguridad Social del ingreso mínimo vital, en los términos que se acuerde.*
    En tanto no se produzca la asunción de las funciones y servicios a que hace referencia el párrafo anterior, se acordará mediante convenio a suscribir entre los órganos competentes del Estado y de la comunidad autónoma interesada, una encomienda de gestión para realizar las actuaciones que se prevean en el mismo en relación con la prestación económica del ingreso mínimo vital y que permitan la atención integral de sus beneficiarios en el País Vasco y Navarra.». A pesar de ello, se afirma por los recurrentes ante el Tribunal Constitucional que la atribución de estas competencias no puede justificarse...en «*la especificidad que supone la existencia de las haciendas forales*», pues éstas se ciñen al régimen tributario y no alcanza al sistema de Seguridad Social. Cfr. STCO (Pleno) 19/2024, de 31 de enero, en fundamento de derecho 1º.

el pago lo efectúa la Tesorería General de la Seguridad Social, mientras que el País Vasco y Navarra lo asumen conforme a su específico modelo de financiación, al igual que ahora se establece para el ingreso mínimo vital(»38).

En cambio, en relación con las Comunidades Autónomas de Derecho Común, a juicio de las alegaciones de la parte recurrente en la sentencia del año 2021, este distinto tratamiento reservado para las Comunidades Forales respecto del resto de Comunidades Autónomas de derecho común no queda suficientemente justificado desde una perspectiva técnica. Posibilidad, por cierto, expresamente reconocida a los territorios forales en la disposición adicional quinta del real decreto ley. En corto, la parte recurrente pretendía que la «ventanilla» ante la que el ciudadano debiera solicitar la nueva prestación debiera ser la de la Administración autonómica y debería ser la comunidad autónoma la que realice la gestión de la prestación (reconocimiento y control), aunque la normativa aplicable sea enteramente estatal. Incompresiblemente, el acceso a la ventanilla de la administración autonómica se abre para el territorio foral y se niega al resto de Comunidades Autónomas sin que, hasta ahora, se haya argumentado una argumentación jurídica que así lo justifique, aunque ello se ha haya resuelto, en parte, con lo dispuesto en el R.D. Ley 8/2023, de 27 de diciembre[39].

Siguiendo la doctrina tradicional, la sentencia del Tribunal Constitucional 158/2021 descarta el parangón que la Administración Territorial recurrente efectúa entre el «ingreso mínimo vital» (prestación no contributiva de la Seguridad Social) con la «renta garantizada de ciudadanía» (ayuda de asistencia social autonómica), pretendiendo dar con ello a sus competencias sobre «asistencia social» *ex* arts. 148.1.20 CE y 166 EAC un significado omnicomprensivo que englobara tanto a las prestaciones sociales que le son propias en virtud de los citados preceptos, como las que con tal carácter asistencial forman parte del sistema de la Seguridad Social conforme al art. 149.1.17 CE. No hay que olvidar que una interpretación del art. 41 CE en el marco del bloque de constitucionalidad permite inferir, junto a la «asistencia social» externa, proporcionada a nivel autonómico, una asistencia social «interna» al sistema de Seguridad Social (STC 239/2002, F.J. 5°) configurada por prestaciones de naturaleza «no contributiva» —entre las que se encuentra el IMV— a través de las que el Estado cumple el mandato que le encomienda el citado precepto constitucional de garantizar *«asistencia y prestaciones sociales suficientes ante situaciones de necesidad»*.

En corto, aunque las comunidades autónomas de derecho común enuncien como competencias exclusivas las atinentes a la asistencia social, esta circunstancia no enerva las diferentes competencias del Estado que puedan estar implicadas (entre ellas, las previstas en el art. 149.1.17 CE), *«que constituyen límites infranqueables a los enunciados estatutarios»* (STC 31/2010, FJ 102).

---

39.   Cfr. *ut supra* nota 49.

Por el contrario, a juicio de la Sentencia del TCO 19/2024, de 31 de enero, las comunidades autónomas que asuman en sus estatutos de autonomías o equivalente, *«competencia de «gestión del régimen económico de la Seguridad Social», como es el caso del País Vasco y la Comunidad Foral de Navarra, podrán realizarse, previo Convenio con el Estado, aquellos actos de gestión de las prestaciones de la Seguridad Social que no comprometan la caja única ni el modelo unitario de Seguridad Social»* [40] y, por tanto, haciendo una argumentación legal acerca del reparto de competencias entre Entidades Gestoras, no se compromete la caja única de la Seguridad Social porque el ejercicio de las competencias encomendadas a las dos comunidades autónomas forales no se refieren a la gestión de la tesorería que, de conformidad con el art. 66.1.a) TRLGSS 2015, pertenecen a la Tesorería General de la Seguridad Social, ente personalizado distinto al INSS, cuyas competencias (*sic*: las de la Tesorería General de la Seguridad Social) quedan preservadas por la última redacción de la Disposición Adicional 5ª de la Ley 19/2021, de 20 de diciembre [41].

3. LA FRAGMENTACIÓN DE LA ACCIÓN PROTECTORA Y EL PEREGRINAJE ADMINISTRATIVO DE LOS BENEFICIARIOS

Como se ha visto anteriormente, tanto los tecnicismos jurídicos acerca del título competencial sobre el que asienta la regulación del ingreso mínimo vital, como la existencia de distintas administraciones públicas con competencias concurrentes y prestaciones complementarias entre sí, constituyen el terreno abonado para que los usuarios de estos servicios públicos se vean obligados a tramitar una pluralidad de solicitudes de prestación ante cada una de dichas administraciones. Desde luego, todas las Administraciones Públicas, cualquiera que sea su ámbito territorial, deberían coordinarse para facilitar el acceso de estas ayudas a aquellos ciudadanos que verdaderamente las necesitan ofreciendo una única *«carta de derechos frente a la exclusión social»* que fuera exhaustiva de todas las prestaciones a las que se pudiera acceder, con independencia de la Administración Pública que efectivamente las prestara [42].

---

40. Cfr. F.J. 3º *in fine* y F.J. 4º de la STCO 19/2024, de 31 de enero.

41. Se justifica en la doctrina contenida en el fundamento jurídico 3º de la STO 124/1989, de 7 de julio.

42. Seguramente, una de las críticas más justificadas durante la implantación del ingreso mínimo vital fue la distancia entre las administraciones y entre éstas y los ciudadanos que debían solicitar el acceso a la nueva prestación no contributiva, falta de información sobre el conglomerado de prestaciones existentes que explicaría el escaso impacto inicial de esta prestación, menor impacto del previsto que aún persiste respecto del número potencial de hogares beneficiados, que se ha ido corrigiendo con sucesivas reformas de la versión inicial del Decreto-Ley. En el apartado legal sobre los mecanismos de colaboración con otras administraciones públicas, artículos 30 y siguientes de la LIMV el texto legal se conforma con una cooperación meramente institucional. Un comentario a estos preceptos, aunque referidos a sus homólogos del RDLIMV en BARCELÓN COBEDO, S; GONZÁLEZ ORTEGA, S: *«El ingreso mínimo vital: (comentarios al Real Decreto-ley 20/2020, de 29 de mayo)»*. Valencia, Tirant lo Blanch, 2020, págs. 355 y ss.

Al mismo tiempo, debería existir una estrategia general que, atendiendo los mandatos procedentes de la Unión Europea y del propio texto Constitucional, permita asegurar que las distintas prestaciones y ayudas públicas resultan ser efectivas para rescatar a los ciudadanos en riesgo de exclusión social, con especial atención a los ciudadanos que tengan a su cargo a la población infantil que, desde luego, deben ser colectivos de población que vean reforzadas las oportunidades para amortiguar los efectos de la vulnerabilidad económica con esa composición de la unidad de convivencia.

Es cierto que las políticas para atajar los efectos perversos de la pobreza son difíciles de implementar pues, como se ha afirmado, la pobreza, aceptando los umbrales definidos con un carácter técnico, constituye la manifestación de la insuficiencia de otras políticas públicas y, de ahí, que las políticas para aminorar los efectos de la vulnerabilidad económica y los riesgos de exclusión social *«deben coordinarse con otras políticas redistributivas de rentas, de políticas fiscales, políticas familiares (en su sentido más amplio), políticas de vivienda, etcétera»*[43] y, específicamente, también debería existir en los distintos tipos de prestaciones que las situaciones de vulnerabilidad económica dan derecho y proceden de distintas administraciones públicas, sean o no compatibles con el reconocimiento de la prestación del ingreso mínimo vital, que se podría describir de modo gráfico como una verdadera *«coalición de políticas públicas»*.

En este sentido, la coordinación administrativa de la prestación del IMV debería considerarse como una condición de la efectividad de su acción protectora, cualquiera que sea la Administración y la Comunidad Autónoma ante la que se haya instado la solicitud de protección social, ya sea de Derecho común o de Derecho Foral. De hecho, se ha de ahondar en la estrategia de cooperación entre administraciones que prevé el Capítulo V de la LIMV, en concreto, en las previsiones de su art. 32.2 LIMV, cuando establece que las Comunidades Autónomas puedan remitir solicitudes del IMV para que las resuelva el INSS mediante los protocolos telemáticos de intercambio de información habilitados a estos efectos. Incluso, *de lege ferenda*, esta colaboración interadministrativa debería ser bidireccional, esto es, que el INSS también pueda tramitar el reconocimiento de las rentas mínimas previstas en la legislación de cada Comunidad Autónoma, supuesto no previsto en la norma, para evitar el peregrinaje ante las distintas administraciones de las personas en situación de vulnerabilidad económica. De modo que, la solicitud un solicitante de prestaciones que instan las prestaciones para favorecer su inclusión social, a modo de *«ventanilla única»*[44], obtuviera, de

---

43. Cfr. MONEREO PÉREZ, J.L. y RODRÍGUEZ INIESTA, G.: *«El Ingreso Mínimo Vital una valoración de su implantación (a propósito de las Opiniones de la AIReF y del impacto «sistémico» del IMV en el perfeccionamiento del Sistema de Seguridad Social)»*. Revista de Derecho de la Seguridad Social, Laborum. Núm. 36 (2023), pág. 33.

44. Sistema de interlocución previsto con carácter general para la ciudadanía respecto de la Administración General del Estado en https://administracion.gob.es/pag_Home/Tu-espacio-europeo/eugo-ventanilla-unica.html (Visitada el 4 de diciembre de 2023).

una vez por todas, las prestaciones que el sistema de protección social ha previsto para ello y en las cuantías apropiadas [45].

Como prueba de la necesidad de recorrer nuevos espacios de perfeccionamiento de estas prestaciones, que tramitan el Estado y las Comunidades Autónomas, en la *«1ª Opinión de la Agencia Independiente de Responsabilidad Fiscal»*, de 19 de julio de 2022, se afirma que el diseño del IMV pretendía implementar una cobertura dirigida a 700.000 hogares y, por ende, esta cobertura alcanzaría un coste anual de 2.800 millones de euros si consiguiese la correspondiente solicitud, tramitación y reconocimiento a todos ellos [46]. En el seguimiento legal de la evolución de esta prestación, en la segunda opinión del IMV [47], se afirma, que *«A diciembre de 2022, seguía habiendo el mismo número de beneficiarios de IMV que el año anterior; 284.000 hogares de los 800.000 que podían percibir la prestación, lo que a su vez supone el 47 % del gasto potencial. Esta cifra es menor en el nuevo complemento de infancia, del cual si estuviera plenamente implementado se podrían beneficiar 1,5 millones de familias y a finales de 2022 se limitaba a cubrir 274.000 hogares beneficiarios».*

A modo de conclusión, es preciso resaltar que según cifras ofrecidas por esta Autoridad Independiente queda aún recorrido para intensificar esa anhelada colaboración interadministrativa que resulta ser más beneficiosa para el interés general que la mera interposición de conflictos de competencias entre esas mismas Administraciones. En concreto, la exposición de las siguientes cifras con valor estadístico constituye un buen ejemplo del actual estado de aplicación de la Ley 19/2021, de 20 de diciembre. En este sentido, la AIREF afirma que la prestación del IMV la percibe sólo el 40 por ciento de los hogares del total de posibles beneficiarios; que 975.000 expedientes han sido rechazados; que el 57 por ciento de los hogares que podrían recibir el IMV, aún no lo han solicitado y, por tanto, que de los 2800 millones de euros presupuestado para el pago del IMV, el gasto efectivo a diciembre de 2021 se ha limitado a 1600 millones de

---

45.   En esta línea, la segunda opinión del AIREF de 15 de junio de 2023 afirma *«...se remarca la necesidad de que se aceleren y refuercen los mecanismos de intercambio de la información que la Administración posee sobre la población vulnerable, facilitándose la interconexión de sus datos de renta, patrimonio, prestaciones, impuestos y asistencia de los servicios sociales. En especial, se acentúa la importancia de que las comunidades autónomas aceleren el volcado uniforme y consistente de los pagos de sus rentas mínimas autonómicas en la Tarjeta Social Digital y en los registros de la AEAT».* Cfr. AIREF: *«Segunda Opinión del IMV»*, 15 de junio de 2023 pág.9/78, en página electrónica https://www.airef.es/wp-content/uploads/2023/06/IMV/230615.-Opinio%CC%81n.-Segunda-Opinio%CC%81n-IMV_AIReF.pdf (Visitada 18 de diciembre de 2023).

46.   Cfr. AUTORIDAD INDEPENDIENTE DE RESPONSABILIDAD FISCAL: *«1ª Opinión Ingreso Mínimo Vital de 19 de julio de 2022».* Pág. 6. Se puede consultar en la siguiente página electrónica https://www.airef.es/wp-content/uploads/2022/08/IMV/OPINION-AIREF-IMV.pdf (Visitada 21 de noviembre de 2023).

47.   Cfr. AIREF: *«Segunda Opinión del IMV»*, 15 de junio de 2023, op.cit. pág.8/78.

euros, término de gasto que, en 2022 el IMV supone 1.919 millones de euros anuales, esto es, el 47 % de su potencial[48].

4. ¿UNA CESIÓN DE LA GESTIÓN DEL IMV A LAS COMUNIDADES AUTÓNOMAS DE RÉGIMEN COMÚN POR LA VÍA DE «URGENCIA» O UNA TRANSFERENCIA COMPETENCIAL ENCUBIERTA?

Tras la resolución del recurso de inconstitucionalidad, en materia de ingreso mínimo vital, mediante sentencia del Tribunal Constitucional 158/2021, de 16 de septiembre, que desestima la pretensión de una Comunidad Autónoma y mantenía la constitucionalidad del RDL 20/2020, de 29 de mayo, a pesar de que incluía voto particular que disentía de la argumentación expuesta por la sentencia, especialmente, en cuanto a la falta de un argumentario suficiente para mantener residenciado el IMV en manos del Estado[49], se ha efectuado una actuación normativa que sin entrar valorar cuál ha de ser el auténtico título competencial de la legislación sobre el ingreso mínimo vital y, ante la persistencia de la reclamación de la transferencia del ingreso mínimo vital por parte de la misma comunidad autónoma que interpuso el recurso de inconstitucional, se ha efectuado una nueva modificación de la regulación de la Ley 19/2021, de 20 de diciembre, mediante el artículo 81, apartado Uno, del Real Decreto-Ley 8/2023, de 27 de diciembre, modificación que permite en su ámbito territorial a las comunidades autónomas de régimen común asumir, si lo solicitan, la gestión de la prestación no contributiva del ingreso mínimo vital.

En efecto, en la nueva redacción de la Disposición Adicional 5ª de la Ley 9/2021, de 20 de diciembre, a apropósito de las fórmulas gestión de la prestación de ingreso mínimo vital, se desarrolla las previsiones de la versión inicial de dicha disposición adicional, acerca de la suscripción de Convenios entre la Administración General del Estado y las comunidades autónomas de régimen común, al margen de las comunidades forales, para que la administración territorial asuma el ejercicio de las tareas de gestión correspondientes a la iniciación, tramitación, resolución y control del ingreso mínimo vital. Esta nueva redacción se justifica en la exposición de motivos de la norma urgente con la finalidad de *«garantizar y reforzar la protección de las personas más vulnerables de nuestra sociedad, objetivo urgente y prioritario de nuestro estado social»* aunque, en reali-

---

48. Cfr. AIReF: *«Segunda Opinión del IMV»*, 15 de junio de 2023, op.cit. pág.12/78.
49. En el texto del voto particular disidente presentado por la Magistrada Balaguer Callejón se puede leer: *«Si las comunidades autónomas venían ejerciendo funciones normativas y ejecutivas en materia de rentas mínimas de inserción o ingreso mínimo vital, apoyándose en la base competencial de la asistencia social, y en supuestos como el de Cataluña, también en el reconocimiento de un derecho social de ciudadanía, hubiera sido necesario que el tribunal explicara adecuadamente la reconsideración del encuadre que formula la sentencia, acudiendo para ello a la consolidada jurisprudencia previa, que marca los límites entre el art. 149.1.17 CE, en materia de Seguridad Social, y el art. 148.1.20 CE, relativo a la asistencia social».*

dad, también obedece al cumplimiento del acuerdo político con la administración autonómica que reclamaba el traspaso de dicha prestación no contributiva[50], que deberá respetar el carácter unitario del régimen económico de la Seguridad Social y el principio de solidaridad.

A la vista de lo expuesto, se trata de una posibilidad que se limita al ámbito de la gestión del IMV cuyas condiciones han de quedar recogidas en el contenido del Convenio suscrito entre las Administraciones, especialmente, en cuanto a la extensión temporal de esta actividad administrativa de gestión que puede ser temporal o indefinida. Se asemeja a lo que en el campo del Derecho administrativo constituye una «encomienda de gestión» por lo que los posibles conflictos e incidencias que puedan surgir se podrá extender las soluciones existentes en esa reconocida institución[51]. En cualquier caso, el ejercicio de la competencia correspondiente al pago de la prestación queda reservada a la Administración General del Estado.

(38) En efecto, recordando la doctrina de la STC 124/1989 que ya zanjó el asunto en relación con las competencias autonómicas sincronizadas con las que corresponden al Estado para preservar la llamada «caja única», es decir, la unidad del sistema de Seguridad Social y su funcionamiento económico uniforme. Por tanto, las CCAA que tengan estatuariamente asumida dicha competencia, podrán realizar, previo convenio con el Estado, aquellos actos de gestión de las prestaciones de la Seguridad Social que no comprometan la «caja única» ni el modelo unitario de Seguridad Social.

---

50.   Se puede consultar el contenido del acuerdo político alcanzado el pasado 21 de diciembre de 2023 que días después se incorporó al Real Decreto-Ley 8/2023, de 27 de diciembre. Se puede consultar la difusión de ese acuerdo político ampliamente difundido en medidos de comunicación en la siguiente página electrónica https://cincodias.elpais.com/economia/2023-12-21/el-gobierno-aprobara-el-traspaso-del-ingreso-minimo-vital-a-cataluna-y-confirma-la-asuncion-del-20-de-su-deuda.html (Página visitada el 2 de enero de 2024).

51.   Cfr. PALOMAR OLMEDA, A.; CANSINO MUÑOZ-REPISO, J.M.: «Encomienda de gestión: gestión pública actual: régimen jurídico y mayor eficacia». Cizur Menor, Thomson-Reuters, 2013, pág. 25-612.

El ingreso mínimo vital como prestación de la seguridad social: desde la «prestación única» a la «renta garantizada»

SUMARIO: 1. REGLA GENERAL: LA IMPOSIBILIDAD DE ACUMULAR PRESTACIO-NES DEL RÉGIMEN GENERAL DE LA SEGURIDAD SOCIAL EN UN ÚNICO BENEFICIARIO. 2. LA COMPROBACIÓN DE LA SITUACIÓN PATRIMONIAL DE LA UNIDAD DE CONVIVENCIA. *2.1. En relación con las prestaciones del sistema de la Seguridad Social. 2.2. El reconocimiento inicial del IMV.*

1. REGLA GENERAL: LA IMPOSIBILIDAD DE ACUMULAR PRESTACIONES DEL RÉGIMEN GENERAL DE LA SEGURIDAD SOCIAL EN UN ÚNICO BENEFICIARIO

En el estadio actual del ordenamiento jurídico de la Seguridad Social son escasas las reglas generales que permiten predecir qué tipo de relación mantienen entre sí las distintas prestaciones públicas concurrentes en un único beneficiario y, especialmente, qué hay que responder a la cuestión sobre si tal concurrencia de prestaciones permite acumular su cuantía u optar por una de ellas. Acumulación de la cuantía que permite poner de manifiesto que esas prestaciones concurrentes, según las reglas del ordenamiento jurídico, resultarían ser compatibles, compatibilidad que depende de una previsión legal o reglamentaria que expresamente lo permita.

De ahí que, en la normativa reguladora del RDLGSS 1994, la preocupación del legislador y donde centró sus principales esfuerzos, cuando tenía que regular las relaciones entre pensiones de la seguridad social que recaían en un único beneficiario, fuera determinar cuándo dos prestaciones resultan ser incompatibles entre sí, método que aparentemente resolvía la cuestión, una vez ya éstas estaban reconocidas y, al mismo tiempo, obligaba al beneficiario que *«llevará consigo el tener que elegir entre una u otra, es decir, de ejercitar el derecho de opción»*[52], orillando el centro del debate sobre la cuestión de precisar cuándo las prestaciones de la seguridad social resultan ser compatibles entre sí y no hay necesidad de optar entre una u otra[53]. En definitiva, el posible acceso a dos posibles pensiones de la seguridad social quedaba limitado por el hecho de que el beneficiario debía ejercer un derecho de opción.

En efecto, ése era el tratamiento que existía en la legislación anterior y que en la actualidad se ha visto matizado por otro, más preciso, en el que se declara como regla general la incompatibilidad de todas las prestaciones procedentes del Régimen General, cuando coincidan en un mismo beneficiario, salvo que legal o reglamentariamente se estipule lo contrario (art. 163.1 TRLGSS 2015), regla general que limita su ámbito de aplicación al tratamiento del principal bloque regulador de la prestaciones, sin duda el más relevante, pero que deja sin respuesta el tratamiento apropiado para la concurrencia de otras prestaciones, ajenas a dicho Régimen General, incluso a una del Régimen General con otra prestación no contributiva o reconocida en atención a un Régimen Especial, salvo que una norma legal o reglamentaria precise lo contrario.

En los apartados ulteriores del mismo art. 163 TRLGSS 2015, se prevé que, ante la ausencia del ejercicio de opción establecido en el apartado anterior, cuando se cause derecho a una nueva pensión que resulte incompatible con la que se viniera percibiendo, la entidad gestora iniciará el pago o, en su caso, continuará con el abono únicamente de la pensión de mayor cuantía, en términos anuales, con suspensión de la otra pensión concurrente. No obstante, el interesado podrá solicitar que se revoque dicho acuerdo y optar por percibir la pensión suspendida[54]. A la vista de la negativa por parte de la Entidad Gestora del pago simultáneo de dos prestaciones, se inicia la andadura del control administrativo y, en su caso, del control judicial ulterior para asegurar que el beneficiario disfrute de una única pensión procedente del Régimen General de la Seguridad Social.

De este carácter único de la prestación, se podría derivar alguna de las siguientes consecuencias: O la imposibilidad de causar el derecho a una prestación por quien ya está percibiendo otra prestación incompatible, o la prohibi-

---

52. Cfr. LEONES SALIDO, J.M.: *«Incompatibilidad entre pensiones de la Seguridad Social. Derecho de opción»*. Actualidad Laboral, núm. 1, 1993, Sección Doctrina, 1993, Ref. VIII, tomo 1, Editorial LA LEY, 2431/2001, pág. 93 y ss.

53. Un detenido análisis sobre esta cuestión, en relación con el contenido del art. 122 de la LGSS 1994, se puede consultar en TRILLO GARCIA, A.R.: *«Incompatibilidad de pensiones»*, en el Libro Colectivo Comentarios a la Ley General de la Seguridad Social (Directores Ignacio García-Perrote Escartín y Jesús R. Mercader Uguina), Cizur-Menor, Thomson Reuters, 2015, págs. 628-633.

54. Así lo viene interpretando la doctrina de suplicación, sin que haya tenido aún oportunidad de pronunciarse la Sala de los Social del Tribunal Supremo, cfr. Sentencias del TSJ Castilla-La Mancha, sentencia núm. 1179/2020, de 20 julio.; TSJ Cataluña, sentencia núm. 3381/2020, de 13 julio; TSJ C. Valenciana, sentencia núm. 2145/2020, de 9 junio y TSJ Cataluña, sentencia núm. 777/2020, de 10 febrero.

ción de disfrute simultáneo de ambas prestaciones, sin que ello impida el nacimiento del derecho. Aparentemente, nuestro ordenamiento se ha decantado por esta segunda posibilidad, esto es, la existencia de una regla de incompatibilidad entre ambas prestaciones no impide el reconocimiento de una nueva prestación. A partir de ese momento, surge la potestad para que la Entidad Gestora inicie o sigue manteniendo el abono de la prestación que tenga reconocida una cuantía económica más elevada, de conformidad con lo preceptuado en el art. 163 LGSS 2015 y que se vincula al principio de prestación única[55], sin perjuicio del ejercicio de derecho de opción por parte del beneficiario.

De esta manera, el legislador descarta un cuadro rígido de incompatibilidades entre prestaciones y, en realidad, se traduce en la imposibilidad legal de un disfrute simultáneo y la subsiguiente acumulación de rentas procedentes de varias prestaciones del Régimen General, salvo que legal o reglamentariamente se establezca lo contrario[56].

Por todo ello, siguiendo el tenor literal de las escasas normas que abordan la cuestión de la compatibilidad o incompatibilidad de las prestaciones, a fin de perfilar el tratamiento legal reservado para la prestación del ingreso mínimo vital con el resto de prestaciones sociales provenientes del sistema de la seguridad social, dada su condición de prestación no contributiva, se abordará el tratamiento ofrecido en materia de concurrencia de prestaciones con el ingreso mínimo vital. A tales efectos, es preciso resaltar que la presencia de una unidad de convivencia, integrada por distintos beneficiarios del IMV y que constituye parámetro de referencia para la determinación de la renta garantizada y, en su caso, del reconocimiento o no del ingreso mínimo vital, permite adelantar la existencia de un tratamiento especial que escapa del régimen jurídico sobre compatibilidades o incompatibilidades de las pensiones públicas procedentes del Régimen General establecido en el art. 163 RDLGSS 2015, lo cual dispone de una lógica que deja pocos espacios por el hecho de que l IMV no se encuadra entre una de las prestaciones del régimen general de la seguridad social.

En mi opinión, el tratamiento recibido durante la tramitación de las solicitudes de la prestación del IMV y, especialmente, en relación con su concurrencia con otras prestaciones del sistema de la seguridad social, desde luego, transita por derroteros ajenos a los esquemas binarios de compatibilidad o incompatibilidad de las prestaciones del Régimen General de la Seguridad Social porque lo verdaderamente decisivo es acreditar si los ingresos y rentas computables y no computables de la unidad de convivencia superan, o no, la correspondiente renta

---

55. En este sentido, cfr. Sentencia de la Sala de lo Social del Tribunal Supremo de 25 de abril de 2018 (Rec. 2322/2016), en fundamento jurídico 4.2.
56. Cfr. ARAGÓN GÓMEZ, C.: *«La compatibilidad entre las prestaciones contributivas y no contributivas del sistema de la seguridad social»*. Nueva Revista Española de Derecho del Trabajo, núm. 168, 2014, págs. 427-430.

garantizada y, a partir de ahí, proceder al reconocimiento del IMV y de la cuantía específica para esa singular unidad de convivencia[57].

Por consiguiente, y a salvo de alguna renta o prestación excluidas[58], la cuestión decisiva es si el conjunto de rentas y patrimonio de la unidad de convivencia, cualquiera que sea su composición supera, o no, el umbral de protección en las situaciones de vulnerabilidad económica. Por eso, resulta improductivo el rastreo de decisiones de juzgados y tribunales sobre declaración de compatibilidad o incompatibilidad «preventiva» de la prestación de ingreso mínimo vital con el resto de las prestaciones de la seguridad social.

2. LA COMPROBACIÓN DE LA SITUACIÓN PATRIMONIAL DE LA UNIDAD DE CONVIVENCIA

2.1. EN RELACIÓN CON LAS PRESTACIONES DEL SISTEMA DE LA SEGURIDAD SOCIAL

Como es sabido, el art. 41 CE exige que se garanticen asistencia y prestaciones sociales que se califican como «*suficientes ante situaciones de necesidad*». Tal suficiencia de las pensiones es una calificación que corresponde efectuar en exclusiva al legislador ordinario. En realidad, la Constitución de 1978 configura en materia de Seguridad Social una «función del Estado»[59], esto es, el mandato constitucional está dirigido al diseño de un sistema legal que no es el resultado de acuerdos de voluntades, sino de reglas del orden jurídico «*que están sujetas a las modificaciones que el legislador introduzca*»[60]. En esta misma línea, el art. 12.2 de la Carta Social Europea[61] y, con mayor precisión, el Convenio número 102 de la OIT de 1952 se estipula que el recurso económico de los poderes

---

57.   Con buen criterio se ha afirmado que «*aunque puedan realizar declaraciones sobre ingresos en el año o ejercicio anterior que no corresponden al momento de la solicitud o, el control sobre ingresos una vez finalizado el año de percepción del IMV o de las pensiones no contributivas, cabría concluir que, en realidad de lo que se trata es de comprobar... que los beneficiarios cumplen con este requisito económico de carencia de rentas o ingresos suficiente o e vulnerabilidad económica cada año en relación con lo previsto en cada normativa*». Cfr. FERNÁNDEZ ORRICO, F.J.: «*Concepto y ámbito subjetivo*». Ingreso Mínimo Vital (Directores Antonio V. Sempere Navarro y M. Begoña García Gil). Cizur Menor, (Thomson Reuters-Aranzadi), 2021, pág. 55 y ss.

58.   A título de ejemplo, la prestación por hijo a cargo que se incentiva su conversión por el denominado complemento de ayuda a la infancia y las rentas obtenidas por la administración de sociedades capitalistas (art. 11.3.3 LIMV).

59.   Expresión contenida en la STCO 103/1983, de 22 de noviembre, f.j. 3º.

60.   Cfr. CARDENAL CARRO, M.: «*La Seguridad Social en la Constitución vista por el Tribunal Constitucional*». Revista Doctrinal Aranzadi Social. Vol. V, parte Tribuna, versión Westlaw BIB 1999/2063, en pág. 12.

61.   Que obliga a las Partes Contratantes a «*mantener el Régimen de Seguridad Social en un nivel satisfactorio, equivalente, por lo menos, al exigido para la ratificación del Convenio Internacional del Trabajo (número 102) sobre normas mínimas de Seguridad Social*». Como es sabido, la ratificación por España de la Carta Social Europea de 18 de octubre de 1961 fue ratificada por España en 1980 (BOE 26 de junio).

públicos «*deberá ser suficiente para asegurar a la familia condiciones de vida sanas y convenientes, y no deberá ser inferior al monto de la prestación calculada de conformidad con las disposiciones del artículo 66*»[62].

En numerosas ocasiones, como sucede en relación con la actuación del legislador en materia de rentas mínimas, el legislador ordinario favorece la suficiencia al beneficiario permitiendo la acumulación de rentas procedentes de distintas prestaciones, incluso permite acumular las cuantías de las rentas que el beneficiario pueda obtener resultado del trabajo por cuenta ajena o por cuenta propia.

De manera explícita, a propósito de la determinación del cómputo de los ingresos y del patrimonio, el art. 20.1.e) LIMV establece que «*Computará como ingreso el importe de las pensiones y prestaciones, contributivas o no contributivas, públicas o privadas*». Con ello, el legislador del IMV rehúye de los esquemas binarios, que admita o deniegue la compatibilidad de la nueva prestación, por el hecho de que se estuviera percibiendo anteriormente la prestación del ingreso mínimo vital. Tampoco la naturaleza de la prestación o de la contingencia de la nueva prestación será determinante de los efectos jurídicos sobre la prestación del IMV.

En general, se puede afirmar que un incremento patrimonial propiciado por el reconocimiento de una pensión de la seguridad social genera, salvo que exista una alteración en la composición de la unidad de convivencia, una reducción de la cuantía del IMV, exactamente en la misma proporción que la cuantía percibida en de la nueva prestación de la seguridad social con otra excepción, esto es, si la cuantía de la nueva pensión, junto con el resto de rentas e ingresos de la unidad de convivencia, rebasa la cuantía de la renta garantizada. En estos casos, no es que disminuya la cuantía del IMV, sino que sería una causa de extinción y, además, podría llevar aparejada la obligación de reintegrar el importe de prestaciones indebidamente percibidas (art. 36.1.d) LIMV). Desde luego, resulta no conforme a Derecho que durante la fase de revisión de una prestación de IMV ya reconocida pueda la entidad gestora adoptar una nueva resolución que suponga una «*reformatio in peius*», salvo que los juzgados y tribunales accedan a la pretensión de la entidad gestora[63].

En concreto, lo único seguro será que este tratamiento que permite acumular rentas e ingresos sólo se sostiene mientras persista la contingencia que

---

62. Este Convenio aprobado por la Asamblea OIT en 1952 fue ratificado por España el 29 de junio de 1988 y entró en vigor un año después (BOE 6 de octubre de 1988).

63. Tras una resolución inicial del INSS que accede a la solicitud de ingreso mínimo vital, se sucede una nueva solicitud del beneficiario que pretende la revisión del importe aprobado al considerar errónea la cuantía. En respuesta a esta segunda solicitud, el INSS no sólo resuelve extinguir la prestación reconocida con reclamación de reintegro de lo ya satisfecho, esto es, una auténtica «*reformatio in peius*». Cfr. Sentencia del TSJ (Cataluña) de 9 de marzo de 2023 (Rec. 4396/2022).

dio origen al reconocimiento del IMV, contingencia de vulnerabilidad económica que se traduce en garantizar, un determinado promedio anual máximo de rentas, definido en el art. 11.2 LIMV que, en términos cuantitativos, afirma que *«si el promedio mensual del conjunto de ingresos y rentas anuales computables de la persona beneficiaria individual o del conjunto de miembros de la unidad de convivencia, correspondientes al ejercicio anterior, en los términos establecidos en el artículo 20, sea inferior, al menos en 10 euros, a la cuantía mensual de la renta garantizada con esta prestación que corresponda en función de la modalidad y del número de miembros de la unidad de convivencia en los términos del artículo 13»*, precepto que define las pautas para determinar la cuantía que debe reconocerse a un beneficiario del IMV[64]. Así pues, la cantidad mensual de la prestación del IMV que corresponde a la persona beneficiaria individual o a la unidad de convivencia será la diferencia entre la cantidad de renta garantizada y el conjunto de todas las rentas e ingresos de la persona beneficiaria o de los miembros que componen esa unidad de convivencia del ejercicio anterior, siempre que la cuantía resultante sea igual o superior a 10 euros mensuales (art. 13.1 LIMV)[65].

En alguna ocasión, se deniega la prestación del IMV por la superación de las rentas protegibles, pero se reconoce el ingreso mínimo a uno solo de los solicitantes. Se trata de una pareja conviviente que no está registrada. De esa manera, si se considera que son dos personas que conviven maritalmente, reuniendo los requisitos para lucrar la prestación, y se consideran pareja de hecho, ha de reconocerse una sola prestación al titular para su unidad de convivencia y el importe de la renta garantizada será el 130% del importe anual de las pensiones no contributivas, mientras que si se entiende que son convivientes sin vínculo, habría de reconocerse a cada uno la prestación en cuantía íntegra del 100%, por lo que, desde luego, a partir del criterio expuesto, es más beneficiosa la solicitud individualizada para las personas con derecho a ella[66].

2.2. EL RECONOCIMIENTO INICIAL DEL IMV

Como se dijo anteriormente, no consta una regulación precisa que aclare las incompatibilidades entre las prestaciones del sistema de la seguridad social y el reconocimiento del derecho a la prestación del ingreso mínimo vital. Más allá del tratamiento de las rentas de trabajo concurrentes con el IMV, que sí está profusamente regulado, no existe reglas generales a propósito de cuál deba ser la admisibilidad, o no, de las rentas procedentes de las prestaciones del sistema

---

64. Cfr. Sentencia del TSJ (Cataluña) de 7 de octubre de 2022 (Rec. 758/2022).
65. Precisamente, por superar el umbral de renta máxima protegible se deniega la prestación del ingreso mínimo vital, sin enjuiciar el carácter compatible o incompatible de las rentas de la unidad de convivencia. Cfr. Tribunal Superior de Justicia de Madrid, (Sala de lo Social, Sección5ª) de 13 de febrero de 2023 (Rec. 543/2022).
66. Cfr. Sentencia del TSJ (Comunidad de Madrid, Sección 2ª) de 8 de febrero de 2023 (Rec. 1134/2022).

de la seguridad social para que se puedan acumular, como mera hipótesis de futuro, con las rentas procedentes del reconocimiento de una prestación del IMV.

En efecto, el estudio del marco normativo acerca de la concurrencia de prestaciones de la seguridad social con la percepción del ingreso mínimo vital parece demostrar un desinterés del legislador por esta cuestión. Desde luego, la legislación vigente sobre el ingreso mínimo vital no se ocupa de esa cuestión porque al legislador lo que, en realidad, toma en consideración es que las rentas, cualquiera que sea el origen de las mismas, al margen de las rentas procedentes del trabajo y otras excepciones, sitúen a la correspondiente unidad de convivencia fuera o dentro de los umbrales de protección que activan la contingencia de «vulnerabilidad económica»[67]. Por otra parte, como se dijo anteriormente, sí existe una detallista regulación para modular la acumulación de rentas procedentes del trabajo, ya sea por cuenta propia o por cuenta ajena, y ésta sí ha sido objeto de una regulación específica que será analizada más adelante[68].

Al margen de ese régimen jurídico preciso sobre las rentas procedentes del trabajo, no por la naturaleza de la procedencia de esas rentas sino por razón de su cuantía, el legislador estatal se ha desentendido de la extensa casuística que puede originar, en general, la compatibilidad de prestaciones de la seguridad social y, específicamente, de la aún más prolija casuística que ya está propiciando la prestación del IMV, dejando en el ejercicio de la competencia de las entidades gestoras la revisión de actos administrativos y de los asuntos enjuiciados por juzgados y tribunales la resolución de los posibles conflictos jurídicos en el momento de resolver las solicitudes de reconocimiento de la prestación del IMV. Ello tiene, como se verá, una lógica explicación. Desde luego, es preciso aportar alguna explicación que despeje la irrelevancia de la naturaleza y tipología de las prestaciones económicas procedentes de la acción protectora de la seguridad social, a salvo que el conjunto de esas rentas e ingresos no superen el umbral máximo de la renta garantizada de la unidad de convivencia en los tér-

---

67. En este sentido, se desestima la existencia de vulnerabilidad económica por superar la unidad de convivencia el umbral de renta protegible dados las restas e ingresos computables. En concreto, en el asunto enjuiciado se descarta la existencia de una situación de vulnerabilidad económica dada la cuantía percibida en concepto de subsidio de desempleo. Cfr. Sentencia de la Sala de lo Social del Tribunal Superior de Justicia de la Comunidad de Madrid, Sección 5ª, de 13 de febrero de 2023 (Rec. 543/2022). En el mismo sentido, aunque ahora concurre en una de las personas que, en el momento de la solicitud, no podía conformar una unidad de convivencia por no estar el solicitante casado o constituido pareja de hecho, y percibía una pensión de viudedad, negativa que se produce en el marco de la primera versión del RDL 20/2020, de 29 de mayo. Posteriormente, este requisito se flexibilizó. cfr. Sentencia de la Sala de lo Social del TSJ (Galicia) de 5 de octubre de 2022 (Rec. 6989/2021).
68. Cfr. Apartado e) del art. 17 y apartado g) del art. 18 de la Ley 19/2021, de 20 de diciembre y su reglamento de desarrollo, esto es, el Real Decreto 789/2022, de 27 de septiembre (BOE 28 de septiembre de 2023).

minos definidos por la regulación del IMV, en atención a la composición de dicha unidad de convivencia[69].

En efecto, las razones por las que el legislador del año 2021 ha preterido el establecimiento de un régimen de incompatibilidades con las prestaciones de la seguridad social es bastante sencillo de aprehender, al menos, en el momento inicial del reconocimiento de la prestación de ingreso mínimo vital, esto es, cuando se evalúa por primera vez y con la mayor exhaustividad posible, con la cooperación de las distintas Administraciones Públicas, el cómputo total de rentas e ingresos de los beneficiarios, que se sostiene en la vulnerabilidad económica del solicitante y de los beneficiarios del IMV; las dificultades de técnicas para justificar cuando una u otra prestación es compatible o incompatible en el caso concreto y, por fin, la existencia de un mecanismo que permite evaluar anualmente la evolución de los ingresos y, por tanto, la revisión de la cuantía reconocida de la prestación no contributiva. Además, es una obligación del titular del IMV comunicar cualquier alteración que se pueda en la situación patrimonial a la entidad gestora del IMV (art. 36.b) LIMV y que inevitablemente una provocará una revisión de la cuantía del IMV reconocida.

Por último, un procedimiento ágil para el inicio y tramitación de los expedientes de infracción de los que se puede derivar la suspensión o extinción de la prestación del IMV, sí se ha previsto un preciso catálogo de infracciones y sanciones específicos para el IMV en los artículos 38-40 de la LIMV ante los posibles incumplimientos de las obligaciones formales por parte de los beneficiarios[70]. En definitiva, existe suficientes herramientas para permitir la concurrencia de prestaciones de la seguridad social únicamente mientras persista la vulnerabilidad económica.

En cuanto a las singularidades de esta prestación no contributiva, que justificaría un tratamiento especial en relación con la posibilidad de acumular rentas y prestaciones de distinta naturaleza, sin perjuicio de que se pueda mantener el disfrute del IMV, atendería a las siguientes razones: en primer lugar, los antecedentes normativos han demostrado las dificultades técnicas que plantea una declaración general de compatibilidad o de incompatibilidad por su falta de exhaustividad, provocando indefectiblemente supuestos imprevistos que han de suplirse con criterios interpretativos procedentes de instrucciones internas de la entidad gestora o de la interpretación procedente de juzgados y tribunales, en ocasiones difíciles de cohonestar entre sí.

---

69. Una clarificadora exposición sobre la aplicación de los límites económicos de la acción protectora, se puede consultar en FERNÁNDEZ ORRICO, F.J.: «*Concepto y ámbito subjetivo*», Op. cit. pág. 53.

70. Un análisis sobre el régimen jurídico de las infracciones y sanciones en la regulación del RDL 20/2020, de 29 de mayo, se puede consultar en HIERRO HIERRO, F.J.: «*Elementos del procedimiento y otras cuestiones conexas (Obligaciones derivadas y régimen de infracciones y sanciones»*. Ingreso Mínimo Vital (Directores Antonio V. Sempere Navarro y M. Begoña García Gil). Cizur Menor, (Thomson Reuters-Aranzadi), 2021, pág. 131 y ss.

En segundo lugar, el hecho de que los beneficiarios del IMV pueda ser un sujeto individual pero también, en numerosas ocasiones, los beneficiarios del IMV son un colectivo de personas, con o sin vínculos de parentesco, que cada uno aporta sus circunstancias personales y su volumen de rentas e ingresos a fin de determinar si se supera, o no, los umbrales de renta protegible preestablecida, precisamente, según cual sea la composición de la unidad de convivencia[71].

En tercer lugar y tal vez la razón más relevante, está relacionada con la naturaleza y dinámica de la contingencia protegida por el ingreso mínimo vital, esto es, la vulnerabilidad económica que, como es sabido, y el legislador es consciente de ello, no desaparece por el mero hecho del reconocimiento del IMV. En efecto, la contingencia protegida no sólo está relacionada con factores económicos. Es más compleja y está anudada a otros ingredientes como la integración socio-laboral y de corrección de otros factores de exclusión social. De ahí, que la válida acumulación de otros ingresos coadyuva a superar no sólo la situación de vulnerabilidad económica, que se entorpecería con un régimen rígido de ingresos prohibidos, sino que la presencia de otras rentas procedentes del trabajo, del desempleo u otras ayudas públicas (como la exención de tasas del sistema público universitario)[72] no excluyen el reconocimiento inicial que únicamente está guiado bajo el criterio de que la totalidad de las rentas e ingresos de la totalidad de los miembros de la unidad de convivencia no supere la renta garantizada (art. 11.1 IMV)[73].

Por fin, es preciso resaltar que, a diferencia de otras prestaciones del sistema de seguridad social, el IMV es una prestación con una cuantía máxima, pero no es siempre la que percibe los beneficiarios[74]. En realidad, es una prestación de

---

71. Véase el anexo II, bajo el título, Escala de incrementos para el cálculo del límite de patrimonio aplicable según el tipo de unidad de convivencia de la Ley 19/2021, de 20 de diciembre, que aprueba la prestación del Ingreso Mínimo Vital, escala que se encuentra topada con un incremento máximo de 2.6, cualquiera que sea la composición de la unidad de convivencia, respecto de una que esté integrada por un único adulto.

72. Cfr. Disposición adicional 7ª que establece la «*Exención de pago de precios públicos por servicios académicos universitarios*».

73. Cfr. En este sentido, aunque aplicando el art. 8 del Real Decreto 20/2020, por concurrir la contingencia de vulnerabilidad económica, la Sentencia de la Sala de lo Social del Tribunal Superior de Justicia (Comunidad de Madrid), Sección 1ª, de 14 de abril de 2023 (Rec. 1187/2022).

74. En el año 2024 son 604,21 euros, según el incremento aprobado por el Real Decreto-ley 8/2023, de 27 de diciembre, por el que se adoptan medidas para afrontar las consecuencias económicas y sociales derivadas de los conflictos en Ucrania y Oriente Próximo, así como para paliar los efectos de la sequía. (BOE 28/12/2023). Esta cantidad se incrementa un 22 por 100 si el perceptor tiene un grado de discapacidad igual o superior al 65 por 100. Para la unidad de convivencia la cuantía anterior incrementada en un 30 por 100 por miembro adicional a partir del segundo, con un máximo del 220 por 100. Se puede consultar el simulador de la prestación del ingreso mínimo vital que ofrece la siguiente web https://www.segsocial.es/wps/portal/wss/internet/Trabajadores/PrestacionesPensionesTrabajadores/65850d68-8d06-4645-bde7-05374ee42ac7/cuantias#Cuantias (Visitada 1/10/2023).

cuantía variable, al alza o a la baja, a lo largo del tiempo, en función de la evolución del resto de rentas e ingresos que disponga la unidad de convivencia y, además, se somete a un permanente estado de revisión, de periodicidad anual, por parte de la entidad gestora que, a resultas del mismo, puede proceder al mantenimiento, incremento o reducción de la cuantía mensual del IMV[75].

Así pues, el reconocimiento inicial del ingreso mínimo vital no produce efecto alguno relacionado con la absorción o compensación de ninguna otra prestación de la seguridad social ya reconocida a la unidad de convivencia[76]. Es lógico, puesto que la cuantía inicial reconocida del IMV dependerá de la situación patrimonial de la unidad de convivencia. Su acción protectora pretende facilitar la superación de la vulnerabilidad económica y los riesgos de exclusión social, aportando una renta adicional, *de cuantía variable en función de la situación patrimonial que se va revisando año a año*[77], en atención a los ingresos que ya disponga cada uno de los distintos integrantes de la unidad de convivencia hasta alcanzar la renta garantizada correspondiente y se mantendrá sin límite temporal máximo mientras permanezcan las condiciones que propiciaron el reconocimiento[78].

Por último, aunque se analizará con más atención en apartados ulteriores, con el soporte de la legislación sobre el impuesto de la renta de las personas físicas, el art. 20.1. f) LIMV establece una serie de ingresos o rentas que expresamente se consideran no computables a los efectos de determinar los ingresos de la unidad de convivencia y, por ende, se favorece el reconocimiento de una cuantía de ingreso mínimo vital más elevada.

---

75. Es lo que algún sector doctrinal ha denominado *«condicionalidad de la prestación»*. En este sentido, cfr. BARCELÓN COBEDO, S; GONZÁLEZ ORTEGA, S: *«El ingreso mínimo vital: (comentarios al Real Decreto-ley 20/2020, de 29 de mayo)»*. Op. cit, pág. 58.

76. *Ut supra*, a salvo de ciertas rentas procedentes de la administración de una sociedad capitalista o de alguna exclusión-transformación de la prestación por hijo a cargo.

77. Co razón se h afirmado que se trata de un procedimiento de «supervisión continua» en que la entidad gestora reconoce y sigue comprobando periódicamente la persistente tenencia de requisitos para poder mantener el IMV. En este sentido, cfr. HIERRO HIERRO, F.J.: *«Elementos del procedimiento y otras cuestiones conexas (Obligaciones derivadas y régimen de infracciones y sanciones»*. Op. cit., pág. 121 y ss.

78. En este sentido, cfr. GARCÍA GIL, M.B.: *«Compatibilidad e incompatibilidad de la prestación»*. Ingreso Mínimo Vital (Directores Antonio V. Sempere Navarro y M. Begoña García Gil). Cizur Menor, (Thomson Reuters-Aranzadi), 2021, pág. 140 y ss.

La concurrencia del ingreso mínimo vital con prestaciones de la seguridad social: una aparente relación de subsidiariedad

1. PLANTEAMIENTO

La aprobación de la regulación sobre el ingreso mínimo vital pretende ampliar la acción protectora del conjunto del sistema de la Seguridad Social, atendiendo a una nueva contingencia la *vulnerabilidad económica y la prevención de la exclusión social»* que pretende atajar la aparición de situaciones de exclusión social, contingencia que hasta ahora no aparecía recogida en el catálogo de prestaciones sociales existentes en el ejercicio de las competencias propias del Estado en materia de Seguridad Social (art. 149.17 CE). Se trata de una prestación que no condiciona su reconocimiento a la previa existencia de un historial contributivo. Por eso, conviene destacar el hecho de que el solicitante o los beneficiarios, ya dispongan de una corta o de una dilatada vida laboral, ello no es una variable condicionante del acceso a la prestación.

En este sentido, el ingreso mínimo vital despliega su acción protectora cuando, o bien, no se percibe prestación alguna de seguridad social, o bien, cuando se disfruta de alguna de las prestaciones del sistema, pero la cuantía reconocida no cubre un umbral mínimo de ingresos. Ese es el contenido de la acción protectora que dispensa el IMV.

Por otra parte, como ya se apuntó anteriormente, resulta ser inapropiado, en un sentido técnico, pretender una solución a las situaciones de concurrencia del IMV con otras prestaciones o ingresos en término binarios de compatibilidad o incompatibilidad porque, en realidad, la regulación contiene esquemas más complejos relacionados con la suficiencia o insuficiencia de ingresos que proporcionen cada una de las tipologías de renta o ingresos.

Sin duda, esto pone en tela de juicio lo que se ha venido a denominar el principio de prestación única enunciado en el art. 163 RD Legislativo 8/2015, que aprueba el Texto Refundido de la Seguridad Social. Sin duda, el IMV abre al análisis a situaciones y respuestas más complejas en las que, con independencia del número de prestaciones que reciba la correspondiente unidad de convivencia, lo relevante será que la sumatoria de los ingresos supere, o no, los umbrales de renta protegibles tal y como se definen en la normativa del IMV.

2. EL SIGNIFICADO Y ALCANCE DEL PRINCIPIO DE SUBSIDIARIEDAD EN EL ÁMBITO JURÍDICO

El término subsidiariedad, ha adquirido recientemente una connotación con valor específico de significado. Desde luego, su origen es antiguo, puesto que se remonta al latín *subsidium*, que designaba el orden militar de los *«triari»*, las tropas de refuerzo (las subsidiarias cohortes); posteriormente, en otras lenguas románicas deriva el término italiano de *«sussidio»*, ayuda económica provista a los necesitados. En cambio, cuando se hace referencia a la dinámica de la subsidiariedad como principio jurídico, éste hace más bien designa, no a la ayuda prestada, sino a un principio de abstención de una intervención directa, por respeto al principio de autonomía de determinadas administraciones públicas o sujetos privados[79].

---

79.   Cfr. EDOARDO FROSINI, T.: «Subsidiariedad y Constitución». Revista de Estudios Políticos (Nueva época), núm. 115, enero-marzo 2002, pág. 8 (Traducido por Yolanda Gómez Lugo).

A los efectos que aquí interesa, esto es, en la descripción del rol desempeñado por los poderes públicos, el principio de subsidiariedad alude a la relación entre el Estado y los ciudadanos, ya sea como individuos, ya como parte integrante de las formaciones sociales donde se desarrolla la persona, pretendiendo asegurar que el Estado mantenga un ámbito de actuación limitado respecto de la actividad de los ciudadanos o, en otras palabras, que el Estado despliegue una intervención mínima con el explícito propósito de dejar el mayor espacio posible a la autonomía privada reduciendo así, a lo esencial, la intervención pública.

Al margen de esta noción que aporta un criterio de actuación de los poderes públicos, la guía inspiradora de este principio ha encontrado un eco especial en la relación que mantiene el Derecho de la Unión Europea con los ordenamientos jurídicos de sus Estados Miembros. Así se ha afirmado, con ocasión de la entrada en vigor del Tratado de Maastricht y cuya redacción se mantiene en el vigente art. 5 del Tratado de Unión Europea[80], que el principio de subsidiariedad pretende que, en los ámbitos que no sean competencia exclusiva la Unión Europea, Ésta «*...intervendrá sólo en caso de que, y en la medida en que, los objetivos de la acción pretendida no puedan ser alcanzados de manera suficiente por los Estados miembros, ni a nivel central ni a nivel regional y local, sino que puedan alcanzarse mejor, debido a la dimensión o a los efectos de la acción pretendida, a escala de la Unión*». Cuestión ésta del principio de subsidiariedad, nada sencilla de implementar en su medida apropiada, y que ha ocasionado encendidos debates sobre su significado en las relaciones entre el Derecho de los Estados y el Derecho de la Unión Europea, pareciendo pretender, dicho con todas las reservas y con la críticas que allí consta, que se pretende que la aplicación del Derecho se materialice mediante un grado de intervención mínima de la regulación comunitaria y, en cambio, la prestación de los servicios públicos y, por ende, la competencia para la elaboración de la normativa debe corresponder a aquellas Administraciones Públicas más próximas al ciudadano[81].

En definitiva, trasladando estos rasgos generales a las relaciones entre la nueva prestación del ingreso mínimo vital con el complejo conjunto de prestaciones del sistema de protección social, en principio, ante la tardía intervención del sistema de Seguridad Social en el favorecimiento de la inclusión social mediante el IMV, éste sólo entrará en juego cuando el resto de prestaciones del sistema de la seguridad social no garanticen suficientemente la inclusión social

---

80.   Diario Oficial de la Unión Europea de 30 de marzo de 2010 C-83-15 que publica la versión consolidada del Tratado de la Unión Europea.

81.   Una visión crítica y exhaustiva del proceso de decantación de este principio de subsidiariedad y la doctrina que allí se cita, cfr. HERRERO Y RODRÍGUEZ DE MIÑÓN, M.: «*Tratado de la Unión Europea y Constitución*». Revista de las Cortes Generales, núm. 28, 1993, especialmente, páginas 18-25; QUINTANA BENAVIDES, A.: «*El principio de subsidiariedad*». Revista de derecho público, N°. Extra 80, 2014, págs. 125-136; MÁRTINEZ LÓPEZ-MUÑIZ, J.L.: «*El principio de subsidiariedad*». En El libro colectivo Los principios jurídicos del derecho administrativo. (dir. Juan Alfonso Santamaría Pastor), Madrid, La ley, 2010, págs. 1275-1310.

de los ciudadanos. En otros términos, únicamente ante la imposibilidad de acceder a las prestaciones del sistema de seguridad social o éstas ofrezcan una cuantía insuficiente, será cuando entre en concurrencia el IMV y se acumule a la renta disponible procedente de otras prestaciones de la seguridad social. En definitiva, la relación de subsidiariedad supone el reconocimiento de una preferencia por la solicitud, y en su caso, el reconocimiento de las prestaciones contributivas del sistema de la seguridad social y, excepcionalmente, cuando éstas ofrezcan una protección insuficiente entraría en juego la acción protectora dispensada por el ingreso mínimo vital.

3. SOBRE LA SUBSIDIARIEDAD DEL IMV RESPECTO DE LAS PRESTACIONES DE LA SEGURIDAD SOCIAL

En términos generales, la subsidiariedad representa un criterio de articulación del ejercicio de competencias que permite predecir cuál ha de ser la administración pública actuante en un contexto de competencias concurrentes[82]. Es tan extendida tal regla de coordinación en los supuestos de competencias concurrentes que este criterio competencial se ha elevado a la categoría de principio y, de hecho, constituye uno de los pilares que permiten asegurar un ejercicio coordinado de la actuación de los distintos poderes públicos[83].

En el contexto de predeterminar el rol que se encomienda al IMV, en relación con el resto de prestaciones de la seguridad social, la dinámica del principio de subsidiariedad pretende aclarar cuál es la ordenación o secuencia de la acción protectora del Sistema de la Seguridad Social ante una situación de necesidad caracterizada por la carencia de rentas o ingresos suficientes del titular y/o de la unidad de convivencia a la que pertenezca, atendiendo a cuál haya sido la contingencia que ha originado el riesgo de la vulnerabilidad económica.

Sin duda, el ordenamiento jurídico debería prever cuál será la secuencia de reconocimiento de las prestaciones de la seguridad social ante la hipótesis de un posible reconocimiento simultáneo de prestaciones en el sistema de la seguridad social. Tal secuencia u ordenación de la acción protectora no debería responder a una actuación casual, sino que, por el contrario, debería contener una pauta repleta de «lógica» que se inspire en el carácter subsidiario o de «ultima *ratio*» de la protección social dispensada por el IMV, respecto del resto de la

---

82.   Cfr. BALAGUER CALLEJÓN, F.: «*La subsidiariedad en la Unión Europea*». Revista de derecho constitucional europeo, núm. 31, 2019, *vid.* texto completo en página electrónica https://www.ugr.es/~redce/REDCE31/articulos/04_FBALAGUER.htm#palabras

83.   En este sentido, cfr. BALAGUER CALLEJÓN, F.: «*Il principio di sussidiarietà nella Costituzione spagnola e negli Statuti di autonomia, nella prospettiva europea*», en G. C. DE MARTIN, Sussidiarietà e democrazia. Esperienze a confronto e prospettive, Cedam, Padova, 2009, pp. 47-84. Acceso abierto en la página electrónica http://www.amministrazioneincammino.luiss.it/2007/06/25/il-principio-di-sussidiarieta-nella-costituzione-spagnola-e-negli-statuti-di-autonomia-in-una-prospettiva-europea/

protección social dispensada por el resto de prestaciones del sistema de la seguridad social ya sean de carácter contributivo o no contributivo.

Quizá por ello, en la primera versión del RD Ley 20/2020, de 29 de mayo, se exigía que los interesados acreditaran la imposibilidad de acceso a otras pensiones o prestaciones públicas, con excepción de las rentas mínimas de las comunidades autónomas, para acceder a la prestación del ingreso mínimo vital. Esa no fue la opción que finalmente quedó incorporada al texto de la ley, tras su tramitación parlamentaria como Proyecto de Ley pues, como se verá más adelante, el reconocimiento y la acumulación de las rentas e ingresos procedentes de algunos de los beneficios sociales o prestaciones de seguridad social no son un obstáculo excluyente *«si bien computan a la hora de calcular los ingresos de la persona solicitante o receptora de la prestación (arts. 11 y 20 LIMV)»*[84].

En este sentido, si la situación de vulnerabilidad económica y de posible exclusión social ha aparecido de forma sorpresiva tras la actualización del riesgo de alguna contingencia que genera prestaciones de la seguridad social y, además, el titular o cualquiera de los beneficiarios dispone de una vida laboral anterior que le hace acreedor de alguna de las prestaciones se ha de prever, por un lado, el acceso a esas otras prestaciones de la seguridad social ajenas al IMV y, en su caso, tras la negativa de la correspondiente entidad gestora al reconocimiento sería, entonces, cuando se podría tener acceso al IMV. Por otro lado, si resultan ser denegadas las prestaciones de la seguridad social o, en su caso, la cuantía reconocida queda por debajo de los umbrales de la renta garantizada, procede al reconocimiento del IMV en su cuantía completa o minorando la cuantía del IMV de modo proporcional a la cuantía de la prestación de la seguridad social que hubiera sido ya reconocida.

Como ya se expuso anteriormente, a mi parecer, salvo la excepción de alguna concreta prestación del sistema de seguridad social que excluye al IMV, y que más adelante se verá, es posible afirmar que el IMV no se somete a los esquemas binarios de compatibilidad o incompatibilidad con el resto de las prestaciones de la seguridad social, circunstancia que, entre otras razones, trae causa de la distinta contingencia a la que hace frente el IMV, una vulnerabilidad económica estructural y persistente, frente a otro tipo de prestaciones que hacen frente a una pérdida de rentas por una determinada contingencia como la pérdida del empleo, la muerte, la edad etc. y, por consiguiente, en el análisis de la situación patrimonial del solicitante del IMV lo relevante es que se acredite un determinado nivel de insuficiencia de ingresos, incluso cuando sea una situación coyuntural, cualquiera que sea la prestación del sistema de la seguridad social que ya tenga reconocida algún integrante de la unidad de convivencia.

---

84.   Cfr. GARCÍA MURCIA, J.: *«El ingreso mínimo vital en España: caracterización general y algunos puntos críticos»*. El ingreso mínimo vital en el sistema español de protección social. Oviedo, (Joaquín García Murcia-editor KRK Laboral), 2022, pág. 26.

En otras palabras, la deseada coordinación en materia de competencias concurrentes se obtiene descartando un tipo de subsidiariedad absoluta que excluya el ejercicio de una de las competencias mientras está actuando la competencia concurrente y, en cambio, el modelo se inclina por una subsidiariedad relativa de la normativa reguladora del IMV respecto del resto de prestaciones de la Seguridad Social de modo que, en determinadas condiciones, se ejercen las competencias concurrentes sin excluirse una a la otra, aunque las rentas procedentes de la unidad de convivencia provenientes de pensiones públicas se incorporan al cómputo minorando la cuantía final de la prestación de ingreso mínimo vital[85].

En conclusión, cuando se pretende responder qué relación mantiene el IMV con el resto de las prestaciones de la seguridad social, sin duda, la relación más característica, aunque no sea la única, es la subsidiariedad del IMV, esto es, el *modus operandi* consiste en que la Entidad Gestora reconoce el IMV al solicitante de la prestación cuando no percibe prestación alguna de la seguridad social o, en su caso, si percibe alguna, tanto el titular como cualquiera de las personas integrantes de la unidad de convivencia, la diferente cuantía sería, al menos en diez euros, respecto de la cuantía mensual establecida de renta garantizada[86].

---

85.   Sobre el significado y alcance de la subsidiariedad absoluta y relativa aplicable al ejercicio de normas procesales, cfr. BRAGE CAMAZANO, J.: *«Ensayos de teoría general, sustantiva y procesal, de los derechos fundamentales en el derecho comparado y el Convenio Europeo de Derechos Humanos»*. Arequipa, Ed. Adrus, 2012, pág. 95 y ss. Se puede consultar en la página electrónica https://www.tc.gob.pe/wp-content/uploads/2018/10/EnsayoTeoriaGeneralSustantiva.pdf

86.   En este sentido, cuando se define la situación de vulnerabilidad económica en la Ley 19/2021, de 20 de diciembre, en concreto, en el apartado 2º del art. 11 se afirma que se apreciará que concurre este requisito cuando el promedio mensual del conjunto de ingresos y rentas anuales computables de la persona beneficiaria individual o del conjunto de miembros de la unidad de convivencia, correspondientes al ejercicio anterior, en los términos establecidos en el artículo 20, sea inferior, al menos en 10 euros, a la cuantía mensual de la renta garantizada con esta prestación que corresponda en función de la modalidad y del número de miembros de la unidad de convivencia en los términos del artículo 13 LIMV. O como ha afirmado la doctrina, *«Esto es, todos los ingresos y rentas del año natural inmediatamente anterior a la solicitud obtenida por el beneficiario o la unidad de convivencia y hallar el promedio mensual de tal suma de ingresos, siempre que la cuantía resultante sea igual o superior a 10 euros mensuales»*. Cfr. PALOMO SAURINA, P.: *«Régimen jurídico del ingreso mínimo vital (IV): Requisitos de acceso a la prestación»*. El ingreso mínimo vital. Una perspectiva global (Dir. F. Cavas Martínez y B. García Romero). Madrid, BOE, 2021, pág. 242.

4. FUNDAMENTOS JURÍDICOS DE LA RELACIÓN DE SUBSIDIARIEDAD DEL IMV CON LAS PRESTACIONES DE SEGURIDAD SOCIAL

4.1. ANTECEDENTES SOBRE LA SUBSIDIARIEDAD DEL IMV

En la primera versión del IMV, esto es, en el Real Decreto Ley 20/2020, de 29 de mayo[87], en su art. 7.1.c), hoy ya derogado por la Ley 19/2021, de 20 de diciembre[88], se establecía, a propósito de los requisitos de acceso al IMV que, con anterioridad a la presentación de la solicitud era necesario «*haber solicitado las pensiones y prestaciones públicas vigentes que se determinen reglamentariamente a las que pudieran tener derecho*», esto es, se desprendía que el acceso de IMV se condicionaba al cumplimiento de un exorbitante requisito formal exigible al solicitante del IMV consistente en la acreditación de que se había presentado solicitudes de otras prestaciones públicas vigentes, aunque dejaba sin aclarar a qué prestaciones se refería, remitiéndose a un desarrollo reglamentario que, afortunadamente, no consta se haya efectuado, ni que se vaya a efectuar por la regulación estatal.

Desde luego, parece evidente que el legislador del Real Decreto Ley sometía a una condición diabólica el acceso al IMV, exigiendo la presentación de solicitudes a otras prestaciones públicas con anterioridad a la presentación de la solicitud de IMV que, a mi parecer, constituía una manifestación del carácter subsidiario del IMV respecto del resto de prestaciones públicas. Seguramente, ésta era una de las más graves deficiencias técnicas de las que adolecía la norma extraordinaria porque se imponía, como un requisito de acceso al IMV, la carga de acreditar la presentación de solicitudes a una lista indeterminada de prestaciones públicas, a un posible beneficiario en situación de riesgo de exclusión social, sin que la propia norma precisara la naturaleza y el tipo de prestaciones a las que se refería.

---

87. En cuanto al texto remitido por el Gobierno como Proyecto de Ley en el BOCG. Congreso de los Diputados, serie A, núm. 25-1, de 19/06/2020 se mantenía la redacción original del Real Decreto Ley 20/020 que incluía la exigencia de solicitud de prestaciones públicas como un requisito de acceso. Posteriormente, tras la aprobación de una enmienda de supresión, se elimina del texto aprobado por el Congreso de los Diputados el apartado c) del 7.1 del Proyecto original y convertido en el nuevo artículo 10 en el Boletín del Congreso de los Diputados, serie A, núm. 25-3, de 25/11/2021, confirmada supresión en el B.O. Congreso de los Diputados, serie A, núm. 25-6, de 28/12/2021. No obstante, se propusieron enmiendas por parte de la Sra. Diputada Ana Oromas, perteneciente al Grupo Mixto, tendente a permitir el reconocimiento cuando concurriera el IMV con prestaciones no contributivas, entre otras, las provenientes de la aplicación de las leyes de los Fondos de Asistencia Social y de las prestaciones asistenciales a las personas con discapacidad contempladas en la ya derogada Ley 13/1982, de 7 de abril de integración social de las personas con discapacidad.
88. Aprobado por la Comisión con competencia legislativa plena y publicada en el B.O. del Congreso de los Diputados Núm. A-25-4 de 02/12/2021.

Indefectiblemente, ello se acababa convirtiendo, en la práctica, en una obligación de imposible cumplimiento para aquellos ciudadanos que se encontraran ante la contingencia de vulnerabilidad económica. En cualquier caso, la exigencia de solicitud de prestaciones, desde luego, no llevaba aparejada ningún tiempo de espera para que la Entidad Gestora resolviera las correspondientes solicitudes.

Afortunadamente, aunque en la nueva exposición de motivos de la Ley 19/2021, de 20 de diciembre nada se dice al respecto[89], el requisito de acceso al IMV, consistente en la presentación de un indeterminado número de solicitudes de pensiones y prestaciones públicas, fue eliminado durante la tramitación del Proyecto de Ley en una Comisión parlamentaria investida de competencias legislativas plenas.

En efecto, a pesar de que el art. 7.1.c) RDLIMV fue una cuestión debatida durante la tramitación parlamentaria del Proyecto Ley, una vez ya había sido ya convalidado el Real Decreto Ley 20/2020, de 29 de mayo, su defectuosa redacción y la «incomprensible» obligación que exigía a los solicitantes de la prestación no contributiva originó que imposibilitara el reconocimiento y, por tanto, dicho precepto decayó del Proyecto de Ley en su fase de tramitación parlamentaria[90].

En esta línea crítica con su tenor literal, la motivación que condujo a su supresión fue que, por una parte, quedaba sin resolver una cuestión central, esto es, la determinación de cuáles serán las pensiones y prestaciones públicas que se debían instar con carácter previo a la solicitud del ingreso mínimo vital y, por otra parte, la indeterminación de la norma acerca de lo sujetos obligados a acreditar la presentación de las solicitudes de pensiones y prestaciones públicas pues, en ningún apartado del texto del RDLIMV se especificaba si la obligación de carácter formal se dirigía, únicamente, al titular o, por el contrario, también era exigible a todos los beneficiarios pertenecientes a la unidad de convivencia afectada por la contingencia de vulnerabilidad económica, circunstancia que indudablemente limitaba el despliegue de la prestación entre la población en previsible riesgo de exclusión social[91].

---

89. Exposición de Motivos de la Ley 19/2021, de 20 de diciembre que, por cierto, sin motivo que lo explique reproduce literalmente la ya aprobada para el derogado Real Decreto Ley 20/2020, de 29 de mayo.

90. Una vez superada la tramitación parlamentaria, algún sector doctrinal ha afirmado que la causa de tan desorbitado requisito fue eliminado debido «*a las dificultades constatadas para que los interesados pudieran acceder al IMV*». Cfr. DE NIEVES NIETO, N.: «*Ingreso mínimo vital y rentas activas de inserción*». El ingreso mínimo vital, (Editor Joaquín García Murcia), Oviedo, (KRK ediciones), 2022, pág. 562.

91. Cfr. GONZÁLEZ ORTEGA, S., BARCELÓN COBEDO, S.: *El Ingreso Mínimo Vital, (Comentarios al Real Decreto-ley 20/2020, de 29 de mayo)*, *Op. cit.* 2020, p. 54.

Por todo ello, no resulta extraño, dados los obstáculos propiciados por el contenido de la norma reguladora que implantó el IMV, el limitado alcance inicial, en relación con las previsiones oficiales, que tuvo las resoluciones estimatorias de esta prestación no contributiva entre sus potenciales beneficiarios en la medida que, en sus primeros dieciocho meses desde su entrada en vigor, sólo había llegado a un tercio de los beneficiarios previstos y a casi la mitad de los hogares esperados[92].

4.2. LA SUBSIDIARIEDAD DEL IMV EN RELACIÓN CON LOS MENORES DE 30 AÑOS

Entre los requisitos para acceder a la prestación del ingreso mínimo vital, requisitos regulados en su art. 10.2.2 LIMV, es preciso resaltar la exigencia de que el titular y los beneficiarios del IMV acrediten que viven de «modo independiente». Es cierto que este requisito centra su atención entre aquellos colectivos que, por razón de su edad (ser menor de treinta años), está orientado a asegurar que ya no perciben rentas o sustento de sus familiares o de una institución de acogida pues, si siguieran conviviendo con sus padres, tutores o representantes legales los esquemas de solidaridad familiar podrían garantizar la carencia de la contingencia protegida, esto es, la vulnerabilidad económica. En definitiva, sin margen de duda se puede afirmar que el ingreso mínimo vital, con buen criterio, no es una pensión para facilitar o propiciar la emancipación de los jóvenes de su entorno familiar[93].

En estos casos, los solicitantes, ya sea a título individual o en el marco de una unidad de convivencia, han de acreditar que ya viven de forma independiente, sin perjuicio de las lógicas excepciones procedentes de aquellos jóvenes que tienen reconocida su condición de víctima de violencia de género o que proceden de centros de acogida de jóvenes que hayan sido tutelados por los organismos de asistencia social y protección a la juventud de las Comunidades Autónomas.

Ahora bien, la acreditación de ese modo de vivir de modo independiente no se conforma sólo con acreditar que se ha producido un abandono anterior de su entorno familiar pues, efectuando una autodefinición interpretativa de lo que se debe entender por vivir *de forma independiente* según el mismo artículo 10.2.2 LIMV, no se conforma con la acreditación de una falta de dependencia económica

---

92. Cfr. AYALA CAÑON, L.; JURADO MALAGA, A.; PÉREZ MAYO, J.: *«El ingreso mínimo vital: adecuación y cobertura».* Papeles de la Economía Española», núm. 172, 2022, pág. 168 y AUTORIDAD INDEPENDIENTE DE RESPONSABILIDAD FISCAL: *«1ª Opinión Ingreso Mínimo Vital de 19 de julio de 2022».* Págs. 1-6. Se puede consultar en la siguiente página electrónica https://www.airef.es/wp-content/uploads/2022/08/IMV/OPINION-AIREF-IMV.pdf (Visitada 25 de noviembre de 2023).

93. Sobre este planteamiento se puede consultar, BALLESTER LAGUNA, F.; SIRVENT HERNÁNDEZ, N.: *«Lecciones y Prácticas de Seguridad Social».* Madrid, Cinca, 2023, 11ª edición, págs. 190-191.

respecto de su unidad familiar original sino que, además, debía acreditar la existencia de un período mínimo de vida laboral ya fuera por cuenta ajena o por cuenta propia que proporcionara un mínimo período de cotización a estos jóvenes.

En efecto, desde la entrada en vigor del RDLIMV, entonces en la redacción inicial de su art. 7.2, que entró en vigor el 1 de junio de 2020, establecía que para acreditar que se vive *«de forma independiente»* tan solo exigía para este colectivo de jóvenes que estuvieran de alta en la Seguridad Social durante al menos 12 meses con anterioridad a la fecha de presentación de la solicitud, pero sin requerir que dicho período de alta estuviera comprendido en los tres años inmediatamente anteriores a la fecha de la solicitud que, fue precisamente, la redacción incorporada por el Real Decreto-Ley 18/2021, de 28 de septiembre[94], norma extraordinaria que exigía un requisito (alta en cualquier régimen de Seguridad Social durante al menos 12 meses dentro de los 3 años inmediatamente anteriores a la solicitud)[95]. En el texto vigente, esto es, el proveniente de la Ley 19/2021, de 20 de diciembre, en su art. 10.2.2 establece que las personas beneficiarias, a las que se refiere el artículo 4.1.b), que sean menores de 30 años en la fecha de la solicitud del ingreso mínimo vital, deberán acreditar haber vivido de forma independiente en España, durante al menos los dos años inmediatamente anteriores a la indicada fecha.

A los efectos del párrafo anterior, se entenderá que una persona ha vivido de forma independiente siempre que acredite que su domicilio ha sido distinto al de sus progenitores, tutores o acogedores durante los dos años inmediata-

---

94. Cfr. Disposición final segunda, modificando el RDL 20/2020, de 29 de mayo, del Real Decreto-ley 18/2021, de 28 de septiembre, de medidas urgentes para la protección del empleo, la recuperación económica y la mejora del mercado de trabajo.

95. Modificación que causaba perplejidad a alguna sentencia de suplicación dictada a propósito de esta exigencia de emancipación. Así se ha afirmado *«que dicha emancipación no solo debe haberse producido durante un periodo de tiempo (tres años) sino que además debe ser inmediatamente anterior a la fecha de la solicitud como hecho causante de la prestación. Vida independiente es un concepto jurídico indeterminado, que el legislador concreta en dos circunstancias objetivas que han de concurrir de forma acumulativa: periodo de al menos doce meses de alta en cualquiera de los regímenes que integran la Seguridad Social y residencia en un domicilio distinto del de los progenitores, tutores o acogedores. Ambos requisitos son acumulativos y deben ser coetáneos en cuanto referidos al mismo lapso temporal. No tiene sentido que uno de ellos (el del domicilio distinto) se deba cumplir en los tres años inmediatamente anteriores a la solicitud y el otro (el del alta durante 12 meses) con el que debe concurrir, pueda producirse en cualquier periodo anterior a la solicitud. Esta disociación temporal no es lógica ni coherente pues ambas circunstancias integran de forma acumulativa y armónica el concepto de vida independiente que es uno de los requisitos de acceso a la prestación. Por lo tanto, concluimos que en la redacción originaria del art. 7.2 del Real Decreto-ley 20/2020, de 29 de mayo, tanto la circunstancia de los doce meses de alta como la del domicilio, que equivalen a la vida independiente que exige el legislador como requisito de acceso, deben cumplirse dentro del mismo periodo de tres años inmediatamente anteriores a la solicitud».* Cfr. Sentencia del Tribunal Superior de Justicia de Extremadura, (Sala de lo Social, Sección 1ª) de 4 de abril de 2022 (Rec. 29/2022).

mente anteriores a la solicitud, y en dicho período «*hubiere permanecido durante al menos doce meses, continuados o no, en situación de alta en cualquiera de los regímenes que integran el sistema de la Seguridad Social, incluido el de Clases Pasivas del Estado, o en una mutualidad de previsión social alternativa al Régimen Especial de la Seguridad Social de los Trabajadores por Cuenta Propia o Autónomos*» [96].

Asimismo, estos requisitos previstos en los párrafos anteriores no se exigirán cuando el cese de la convivencia con los progenitores, tutores o acogedores se hubiera debido al fallecimiento de estos. Tampoco se exigirán a las personas que por ser víctimas de violencia de género hayan abandonado su domicilio habitual, a las personas sin hogar, a las que hayan iniciado los trámites de separación o divorcio, a las personas víctimas de la trata de seres humanos y de explotación sexual o a las que se encuentren en otras circunstancias que puedan determinarse reglamentariamente.

Es preciso detener la atención sobre el hecho de que ese período obligatorio de alta y cotización da pie a presuponer, dado que la duración de la misma, doce meses, es precisamente el período de carencia mínimo que permite el acceso a determinadas prestaciones por cese de actividad o de desempleo de carácter contributivo y, en su caso, asistencial, que el solicitante o cualquiera de los beneficiarios del ingreso mínimo vital ha podido desempeñar una actividad productiva en el mercado de trabajo que le ha permitido tener acceso a prestaciones por desempleo o de cese por actividad con carácter previo al reconocimiento de la prestación del ingreso mínimo vital.

Sin margen de duda, la exigencia de un determinado período de cotización previa constituye un requisito que afecta exclusivamente a todos aquellos solicitantes que tienen menos de treinta años y, desde luego, se ha de entender que es una limitación de la edad que se ha de coordinar la definición de beneficiarios del IMV (art. 4.b) LIMV) que exigen para ser beneficiarios a las personas de al menos 23 años que no se integren en una unidad de convivencia. De tal modo, que aquella unidad de convivencia en lo que el solicitante sea menor de 30 años e incumpla el período mínimo de cotización origina un hecho obstativo para el reconocimiento del ingreso mínimo vital. Se ha de entender que ello no afectará a los beneficiarios por debajo de los menores de 23 años que tengan dependencia económica [97].

En cambio, se ha de descartar que, aunque dicho período sea suficiente para generar prestaciones de desempleo de carácter contributivo, no sea preceptivo ni que las haya solicitado ni, en su caso, que las haya agotado. Ahora bien, si

---

96.   Cfr. Art. 12.2.2 *in fine* LIMV.
97.   Cfr. Sobre las condiciones del reconocimiento de lMV a una madre víctima de violencia de género y con hijos menores de edad a su cargo, cfr. STSJ (Cantabria) de 20 de octubre de 2023 (Rec.520/2023).

tales prestaciones las ha percibido durante el año anterior se incorporarán al cómputo de rentas de la unidad de convivencia a fin de determinar si se supera el umbral de renta protegible.

En conclusión, el colectivo de menores de treinta años dispone de un tratamiento especial, distinto del establecido para los mayores de treinta años, a propósito de la acreditación de vivir de modo independiente, consistente no sólo en que disponga de un domicilio distinto al de sus progenitores o tutores sino que, además, se les exige una previa vida laboral si desean acceder al ingreso mínimo vital, en su condición de solicitantes. En corto, el IMV no es una renta para la emancipación de los jóvenes y mantiene una relación de subsidiariedad en relación con otras prestaciones o con la acreditación de la obtención de rentas de trabajo por las personas menores de 30 años.

4.3. LOS TÉRMINOS «CUANTITATIVOS» DE LA RELACIÓN SUBSIDIARIEDAD DEL IMV

Tras la supresión del apartado c) del art. 7.1 del RDLIMV durante la tramitación del Proyecto de Ley, los requisitos de acceso al IMV se encuentran regulados en el art. 10 de la LIMV. Es preciso adelantar que, a pesar de la eliminación del requisito formal consistente en la exigencia de solicitud de otras prestaciones públicas, esto no supone que la prestación del IMV haya dejado ser la última *ratio* de protección respecto de las pensiones públicas. En efecto, se mantiene tal relación de subsidiariedad, aunque ahora se aparta del mero cumplimiento de determinados aspectos formales. En este sentido, la tramitación del proyecto de Ley y su ulterior publicación ha supuesto, curiosamente, junto a la supresión del art. 7.1.c) del RDLIMV, la incorporación de un nuevo apartado sexto en el artículo 13 LIMV[98] que, desde luego, supone una reorientación acerca de cuál es la caracterización de la relación de subsidiariedad del IMV respecto de las prestaciones del sistema de la seguridad social: Por una parte, ahonda en los aspectos meramente cuantitativos para garantizar la suficiencia de rentas de la unidad de convivencia cuando la cuantía del total de rentas o ingresos percibidos no superen el umbral máximo de protección y, por otra parte se prevé diversos instantes temporales para su adecuación al nivel de rentas máximo permitido.

Es preciso recordar que este nuevo apartado 6 del art. 13 constituye el resultado de la aprobación de una enmienda de modificación presentada, durante

---

98. Como se recordará, la cuestión de la *«determinación de la cuantía»* del IMV se establecía en el art. 10 del RDLIMV y en la LIMV el art. 10 se convirtió en el actual art. 13 que sigue regulando la misma cuestión, esto es, la *«determinación de la cuantía»* según cuál sea la renta garantizada, renta que se define en atención a los ingresos y la composición de la unidad de convivencia.

la tramitación del Proyecto de ley en el Senado, enmienda presentada por tres senadores pertenecientes al grupo Mixto de la Cámara Alta[99].

En relación con el significado y supuestos previstos en el art. 13.6 LIMV, éste plantea tres posibles momentos temporales en el que se origina una comprobación del nivel de rentas percibidas entre el IMV y las prestaciones sociales: en primer lugar, la relación entre el IMV y las pensiones previas a la solicitud del IMV; en segundo lugar, cuando exista un reconocimiento sobrevenido de la pensión o subsidio, una vez ya reconocido el IMV y, finalmente, en aquellos supuestos de revisión periódica de las cuantías de la pensión y del IMV.

4.3.1. Las pensiones y subsidios previos al reconocimiento del IMV

De conformidad con el art. 13.6.1 LIMV, en aquellos supuestos en que el solicitante o cualquiera de los miembros integrantes de la unidad de convivencia tuviera reconocida una o más pensiones contributivas o no contributivas del sistema de la seguridad social[100], o un subsidio de desempleo para mayores de cincuenta y dos años, ya sea coincidiendo con la fecha de la solicitud o con anterioridad, únicamente procederá al reconocimiento de la prestación del ingreso mínimo vital si el importe de las pensiones y/o del subsidio resultara ser inferior a la cuantía mensual del IMV aplicable para la persona sola o, en su caso, para el conjunto de los integrantes de la unidad de convivencia, cuantía que se traducirá en la diferencia resultante entre la cuantía reconocida de IMV y la cuantía

---

99.   La justificación que incorpora el BOCG. Senado, apartado I, núm. 264-2501, de 02/12/2021 a la enmienda núm. 84, de modo aparente, no sintoniza suficientemente con el contenido de la enmienda de modificación. Dicha justificación señala expresamente lo siguiente: «*Las rentas mínimas autonómicas deben ser incompatibles con el ingreso mínimo vital, puesto que, de no serlo, no se lograría evitar la desigualdad territorial que existe en España en materia de rentas mínimas, y la consiguiente creación de desigualdades entre los ciudadanos en función de la región en que residan, lo cual es contrario al principio de igualdad (art. 14 CE). Esta desigualdad territorial entre los ciudadanos es la que se pretende corregir, tal y como reconoce la propia Exposición de Motivos, con la aprobación del ingreso mínimo vital.*» Cfr. en página electrónica del Congreso de los Diputados, https://www.congreso.es/busqueda-de-publicaciones?p_p_id=publicaciones&p_p_lifecycle=0&p_p_state=normal&p_p_mode=view&_publicaciones_mode=mostrarTextoIntegro&_publicaciones_legislatura=XIV&_publicaciones_id_texto= (BOCG_D_14_264_2501.CODI.) (Consultada el 10 de julio de 2023).

100.   Merece detener la atención sobre la nueva consideración de las pensiones no contributivas y el IMV tras la supresión del art. 4.1.b) RDLIMV, éste establecía que para ser beneficiario del IMV era una condición no tener derecho al reconocimiento de una pensión no contributiva, en concreto, a una pensión no contributiva de jubilación pues, como es sabido, por razón de la edad, el reconocimiento de una pensión no contributiva de jubilación excluye ser titular del IMV, aunque no la de ser un posible beneficiario de la unidad de convivencia. Cfr. BARCELÓN COBEDO, M.S.: «*La configuración de la asistencialidad en el modelo de protección social: el IMV como prestación nuclear*». El ingreso mínimo vital en el sistema español de protección social. Oviedo, (Joaquín García Murcia-editor KRK Laboral), 2022, págs. 189-190.

de las prestaciones citadas, «*incluida en su caso la parte proporcional de las pagas extraordinarias*» art. 13.6.1 *in fine* LIMV.

En relación con la cuantía del IMV, ésta es muy variable en una escala que arranca en los supuestos de una persona beneficiaria individual, cuantía que coincide con el 100 por cien del importe anual de las pensiones no contributivas, pero que se eleva al alza según las distintas circunstancias personales y del número de componentes de la unidad de convivencia que extensamente relata el art. 13.2 LIMV[101].

En cuanto al método de comparación, se ha de efectuar en términos de homogeneidad y en cómputo anual, esto es, integrando la cuantía de la parte proporcional de las pagas extraordinarias previstas en las pensiones y que resultan ser inexistentes en el IMV porque, como expresamente dispone el art. 12 LIMV es una «*prestación económica que se fijará y será efectiva mensualmente...*». Por eso, si las pensiones ya reconocidas contemplan el abono de pagas extraordinarias, entonces la cuantía de éstas sí se ha de integrar en el cómputo de comparación con la percibida en concepto de IMV.

En definitiva, el acceso a la acción protectora del IMV y, en su caso, la determinación de su cuantía dependerá del monto de la pensión o subsidios de

---

101. Sobre un estudio técnico jurídico a apropósito de la determinación de la cuantía del ingreso mínimo vital, pero con relación al periodo de vigencia del RDL 20/2020, de 29 de mayo, se puede consultar SELMA PENALVA, A.: «*Situación legal y cuantía*». Ingreso Mínimo Vital (Directores Antonio V. Sempere Navarro y M. Begoña García Gil), Cizur Menor, Aranzadi, 2021, págs. 61 y ss. Este precepto establece, en su última versión de la Ley 19/2021, de 20 de diciembre, un amplio elenco de circunstancias que modifican la cuantía de la prestación del IMV:
«*2. A los efectos señalados en el apartado anterior, se considera renta garantizada, lo más resaltable de este precepto se podría resumir en lo siguiente:*
a) En el caso de una persona beneficiaria individual, la cuantía mensual de renta garantizada ascenderá al 100 por ciento del importe anual de las pensiones no contributivas fijadas anualmente en la Ley de Presupuestos Generales del Estado, dividido por doce.
A esta cantidad se sumará un complemento equivalente a un 22 por ciento en el supuesto de que el beneficiario individual tenga un grado de discapacidad reconocido igual o superior al sesenta y cinco por ciento.
b) En el caso de una unidad de convivencia la cuantía mensual de la letra a) se incrementará en un 30 por ciento por miembro adicional a partir del segundo hasta un máximo del 220 por ciento.
c) A la cuantía mensual establecida en la letra b) se sumará un complemento de monoparentalidad equivalente a un 22 por ciento de la cuantía establecida en la letra a) en el supuesto de que la unidad de convivencia sea monoparental. A los efectos de determinar la cuantía de la prestación, se entenderá por unidad de convivencia monoparental la constituida por un solo adulto que conviva con uno o más descendientes hasta el segundo grado menores de edad sobre los que tenga la guarda y custodia exclusiva, o que conviva con uno o más menores en régimen de acogimiento familiar permanente o guarda con fines de adopción cuando se trata del único acogedor o guardador, o cuando el otro progenitor, guardador o acogedor se encuentre ingresado en prisión o en un centro hospitalario por un periodo ininterrumpido igual o superior a un año...»

desempleo previamente reconocidos[102]. En caso de que la cuantía de las pensiones o subsidios superase a la correspondiente cuantía teórica del IMV procede denegarlo.

No obstante, se exige una cuantía mínima de diferencia para reconocer la situación de vulnerabilidad económica y el acceso al IMV. Así, en el art. 11.2 LIMV, se afirma que concurre este requisito cuando el promedio mensual del conjunto de ingresos y rentas anuales computables de la persona beneficiaria individual o del conjunto de miembros de la unidad de convivencia, correspondientes al ejercicio anterior, en los términos establecidos en el artículo 20, sea inferior, al menos en diez euros, a la cuantía mensual de la renta garantizada con esta prestación que corresponda en función de la modalidad y del número de miembros de la unidad de convivencia en los términos del artículo 13[103].

Asimismo, es preciso resaltar que las únicas prestaciones que pueden ser objeto de comparación serán las pensiones derivadas del sistema de seguridad social y un determinado subsidio de desempleo, el que se reconoce a los mayores de 52 años dejando en el aire si otro tipo de subsidio de desempleo se debe incorporar, o no, en la comparación de la cuantía apropiada de IMV[104]. En mi opinión, siendo este precepto, el art. 13.6 LIMV fruto de una enmienda en las postrimerías de la tramitación parlamentaria adolece de defectos y aspectos no resueltos de modo definitivo que exigirá una interpretación uniforme por parte de juzgados y tribunales porque no se expone cuál es la razón que limita la comparación cuantitativa de los subsidios exclusivamente al de mayores de 52 años. Es más, no existe un pasaje legal que excluya el cómputo de otros posibles subsidios.

En cuanto a los otras prestaciones que se han de comparar, esto es, las pensiones públicas, de conformidad con el art. 56 de la LGSS 2015, tendrán la consideración de pensiones públicas las abonadas por el Régimen General de la Seguridad Social y los regímenes especiales, así como las no contributivas de la

---

102. Como se verá más adelante, esta regla queda excepcionada cuando se solicita el IMV y la vulnerabilidad económica aparece durante el año en curso en que todos los subsidios de desempleo, incluida la renta activa de inserción, no se incorporan al cómputo de comparación de conformidad con lo establecido en el art. 11.5.2 LIMV siempre que tales subsidios se hayan extinguido por haberse consumido y sin perjuicio de la regularización de ingresos durante el año siguiente.

103. Aplicando esas reglas de cómputo para la determinación de la cuantía, cfr. Sentencia de la Sala de lo Social del Tribunal Superior de Justicia de Aragón de 13 de noviembre de 2023 (Rec. 677/2023).

104. Como es sabido, El día 12 de marzo de 2019 se publicó en el Boletín Oficial del Estado el Real Decreto-ley 8/2019, de medidas urgentes en materia de protección social, que modifica la regulación del subsidio para personas trabajadoras mayores de 55 años, modificación principal, entre otras, que centra su atención en la rebaja de la edad del desempleado para acceder a este tipo de subsidio.

Seguridad Social[105], debiendo incluirse en este cómputo los complementos a mínimos de las pensiones previstos en el art. 59 LGSS 2015 que tengan reconocidos el titular del IMV o cualquiera de los beneficiarios[106].

Por fin, si el importe mensual de las pensiones y de los subsidios de desempleo para mayores de 52 años fuera igual o superara la cuantía mensual de la renta garantizada, entiéndase del IMV que corresponda, no procede reconocer el derecho al ingreso mínimo vital (art. 13.6.2 LIMV)[107].

4.3.2. Subsidiariedad del IMV tras reconocimiento sobrevenido de prestaciones de la Seguridad Social

En signo de coherencia con la regulación establecida en el apartado 1º del art. 13.6 LIMV, en el párrafo 3 del mismo artículo, se prevé el reconocimiento de una de las pensiones públicas o de un subsidio de desempleo para mayores de 52 años, estando constante el previo reconocimiento de una prestación de IMV. En este supuesto, se mantiene el mismo criterio que el expuesto en el apartado anterior, esto es, la prestación de IMV se deberá minorar o extinguir en la misma proporción que la cuantía reconocida en la nueva pensión pública o el subsidio de desempleo reconocido, minoración o extinción que tendrá efectos económicos desde el día primero del mes siguiente al del reconocimiento de la pensión o subsidio.

Como se puede comprobar, la prestación de la seguridad social que contiene el IMV reitera su relación de subsidiariedad frente a las otras prestaciones del sistema, con independencia de su carácter contributivo o no contributivo. En definitiva, el IMV se configura como una prestación de cuantía variable, no sólo en función de las características de la unidad de convivencia sino, también, de los ingresos del titular o beneficiario procedente del sistema de la seguridad social que desplazan la cuantía del IMV a la baja para que ese espacio de protección se ocupe, según cual sea la contingencia que la haya originado, por la prestación de la seguridad social.

105.	Precepto que, a su vez, se remite al art. 42 de la Ley 37/1988, de 28 de diciembre, de Presupuestos Generales del Estado para 1989.
106.	Cfr. ARRIETA IDIAKEZ, F.J.: «*Los complementos por mínimos como garantía de ingresos mínimos: límites, compatibilidades e incompatibilidades*». Seguridad Social para todas las personas. La protección de la seguridad social a las personas en situación de vulnerabilidad económica y fomento de su inclusión social. V Congreso Internacional y XVIII Congreso Nacional de la Asociación Española de Salud y Seguridad Social, Murcia (Ediciones Laborum), 2021, págs. 646-665 y RIVERA SÁNCHEZ, J.R.: «*Los suplementos de las pensiones inferiores a la mínima en el Sistema de la Seguridad Social*», Revista de Derecho de la Seguridad Social, núm. 4, 2015, págs. 75-99, especialmente, 90-98.
107.	Sobre un supuesto de acumulación de rentas de trabajo, prestaciones de la seguridad que impide el reconocimiento del ingreso mínimo vital, cfr. Sentencia de la Sala de lo Social del Tribunal Superior de Justicia de la Comunidad de Madrid (Sección 3ª) de 26 de abril de 2023 (Rec. 1356/2022).

4.3.3. Subsidiariedad en los supuestos de revisión de la cuantía de la pensión y/o del IMV

Además de los dos supuestos anteriores, se prevé la hipótesis de una modificación de las cuantías, modificación que trae origen en la revisión de las cuantías de las pensiones por su revisión anual en las correspondientes leyes de presupuestos. Revisión que normalmente se producirá al alza siguiendo el porcentaje de deterioro que origina el incremento del índice de precios de consumo al conjunto de las prestaciones de la seguridad social. No obstante, como mera hipótesis, si produjera una revisión a la baja de las pensiones por las razones que fuere, ello indudablemente debiera originar una revisión al alza del IMV, salvo que la propia norma que aprobara la rebaja de las pensiones también afectara al IMV.

Por ello, con una expresión que no da pie a posibles excepciones, redacción que es manifiestamente mejorable pues su significado queda bastante enturbiado, se afirma en el art. 13.6 *in fine* LIMV que la suma de las cuantías percibidas en concepto de IMV y de la pensión o pensiones percibidas[108], no podrá dar lugar a la percepción de una cantidad superior de la cuantía de IMV que le correspondiera en atención a la composición de la unidad de convivencia.

En estos casos, aparentemente, no se modificará las cantidades percibidas en concepto de pensiones o subsidios de desempleo. En cambio, la cuantía del IMV se revisaría a la baja hasta que no exista diferencia entre la nueva cuantía llamada «renta garantizada» y la cuantía de las pensiones o subsidios que se tengan reconocidos. En otras palabras, la relación de subsidiariedad del IMV se manifiesta, en atención a la composición de la unidad de convivencia, mediante la sumatoria o acumulación de las cuantías procedentes de las distintas pensiones contributivas o no contributivas y, en su caso, si el resultado de tales prestaciones no alcanza el umbral de la renta garantizada, con carácter subsidiario, se reconocería la prestación de IMV en la cuantía mínima necesaria hasta alcanzar la correspondiente diferencia con el umbral de protección.

Desde luego, a partir de la entrada en vigor del art. 13.6 LIMV y la supresión del derogado art. 7.1.c) RDLIMV la relación de subsidiariedad entre el ingreso mínimo vital con otras prestaciones del sistema de la seguridad social ya no encuentra un pronunciamiento expreso acerca de cuál ha de ser la ordenación o secuencia apropiada en que se ha efectuar la solicitud del IMV respecto de la solicitud de las prestaciones de la Seguridad Social y que, como se dijo ante-

---

108. Con motivo de la actualización del importe del IMV y de las pensiones y prestaciones públicas que, en su caso se acuerde en atención a la variación de índice de precios al consumo. En concreto, de conformidad con lo establecido en la Ley 21/2021, de 28 de diciembre, de Garantía del Poder Adquisitivo de las Pensiones y de otras Medidas de Refuerzo de la Sostenibilidad Financiera y Social del Sistema Público de Pensiones, que entró en vigor el 1 de enero de 2022 y que recupera el Índice de Precios al Consumo anual (IPC) como índice de revalorización.

riormente, dejaba el acceso a la acción protectora del IMV como una opción relegada, priorizando la obtención de otras prestaciones del sistema de seguridad social.

De ahí que, aunque nada de ello se advierta en la «justificación» de la enmienda de modificación que incorpora este nuevo apartado del art. 13 LIMV, a juicio de la doctrina científica, ya ha merecido un reproche pues, además de garantizar la pervivencia de las pensiones no contributivas (que con la versión del RDLIMV daba pie a pensar que tales prestaciones iban a desaparecer) ha supuesto no sólo la pérdida de la centralidad del IMV respecto del régimen jurídico de las pensiones no contributivas[109] sino, también, su paulatina minoración cuantitativa, incluso su posible extinción, a resultas de que la unidad de convivencia incorpore pensiones contributivas o no contributivas lo que lleva a calificar esta situación como una cierta «degradación» del papel del IMV[110].

En ningún caso la actualización del importe del ingreso mínimo vital con efectos de 1 de enero de cada año, a que se refiere el artículo 16.3 LIMV, podrá dar lugar a la percepción de una cantidad mensual superior a la diferencia entre la renta garantizada aplicable conforme a este artículo y la cuantía que, una vez actualizada, tuviera en esa fecha la pensión o de la suma de las pensiones y, en su caso, subsidios por desempleo, percibidos por el solicitante individual o cualquiera de los miembros integrantes de la unidad de convivencia.

En definitiva, a partir de la entrada en vigor del art. 13.6 LIMV, sea cual sea la ordenación o secuencia de la petición o solicitud del IMV, respecto de las prestaciones de la seguridad social resulta ser irrelevante, lo importante será la comparativa de cuantías entre las pensiones y subsidios y la cuantía del IMV que, de modo coyuntural, corresponda a la unidad de convivencia.

4.4. LA RELACIÓN DE SUBSIDIARIEDAD DEL IMV CON LAS PRESTACIONES DE DESEMPLEO

4.4.1. Antecedentes en la regulación del IMV

Es preciso recordar que la posición mantenida por el Legislador sobre el tratamiento dispensado a los beneficiarios de prestaciones de desempleo y, a la vez, eran perceptores de la prestación del ingreso mínimo vital, al menos, ha resultado ser equívoco durante las sucesivas normas que han jalonado este punto en la legislación reguladora del IMV.

En efecto, aunque se trata de cuestiones que han sido eliminadas durante la tramitación parlamentaria del Proyecto de Ley que aprobó la Ley 19/2021, de

---

109. Cfr. BARCELÓN COBEDO, M.S.: «*La configuración de la asistencialidad en el modelo de protección social: el IMV como prestación nuclear*». El ingreso mínimo vital en el sistema español de protección social. Op. cit. págs.191-192.
110. Cfr. ibídem, pág. 192.

20 de diciembre, en la primera versión del RDL 20/2020, de 29 de mayo, se daba a entender que el reconocimiento del IMV al solicitante exigía acreditar un período previo de alta en el sistema la seguridad social y, por ende, que dicha situación de alta hubiera generado el reconocimiento de alguna prestación de desempleo[111]. Aparentemente, esta exigencia constituía una manifestación de una legislación excesivamente prudente sobre el volumen de gasto que originaría esta nueva prestación. A tal fin, se sucedían reformas que restringía y, a la vez, aquilataba el perfil del beneficiario y de las condiciones de acceso al IMV. Por eso, no es de extrañar que esta norma extraordinaria padeciera sucesivas reformas para corregir aquellos requisitos impeditivos del acceso a la prestación como ese período de carencia, esto es, la exigencia de acreditar un período mínimo de alta en cualquiera de los regímenes de la seguridad social, incluso sobre las distintas variantes del tipo de unidad de convivencia admisibles para acceder a la prestación del IMV, según cuál sea la norma del IMV aplicable[112].

Incluso alguna sentencia de instancia, que fue corregida por la doctrina de suplicación, llegó sostener que la redacción del art. 7.2 del Real Decreto-Ley 20/2020, de 29 de mayo (RCL 2020, 908), tras la modificación introducida por el Real Decreto-Ley 18/2021, de 28 de septiembre exigía un requisito (alta en cualquier régimen de Seguridad Social durante al menos 12 meses dentro de los 3 años inmediatamente anteriores a la solicitud), acto de encuadramiento que de no existir, en los términos descritos, provoca la denegación del IMV, norma que se aplicó con efectos temporales desde el 11 de julio de 2021, a los efectos de que las personas mayores de 30 años pudieran acreditar que vivían de forma independiente[113].

---

111. A propósito de la definición de beneficiario del ingreso mínimo vital, en la primera versión del art.7.2 RDL 20/2020, se afirmaba que las personas beneficiarias a las que se refería el artículo 4.1.b) y el artículo 6.2.c) deberán haber vivido de forma independiente durante al menos tres años antes de la solicitud del ingreso mínimo vital. La condición de «vida independiente» se acreditaba únicamente cuando se hubiera permanecido 12 meses en situación de alta en cualquiera de los regímenes de la Seguridad Social, de forma continua o discontinua. A juicio de la doctrina de suplicación, afortunadamente en el momento de la solicitud del IMV que se trataba de septiembre de 2020, regía el art. 7.2, en su redacción original, en vigor desde el 1 de junio de 2020, que tan solo exigía el alta en Seguridad Social durante al menos 12 meses a la fecha de presentación de la solicitud pero sin requerir que dicho periodo de alta estuviera comprendido en los tres años inmediatamente anteriores a la fecha de la solicitud, (modificación posterior que incorporó la Disposición Transitoria 4ª del Real Decreto-ley 28/2020, de 22 de septiembre. Ref. BOE-A-2020-11043) circunstancia que favoreció el reconocimiento del IMV en ese caso concreto pero que no ponía en tela de juicio la exigencia de un periodo previo de situación de alta en cualquiera de los regímenes de la Seguridad Social.

112. Cfr. la interesante sentencia de la Sala de lo Social del Tribunal Supremo de 24 de noviembre de 2023 (Rec. 5633/2022), a propósito de los efectos limitados en el tiempo de la regulación establecida por el R.D. Ley 3/2021, de 2 de febrero, respecto a la primera versión del IMV.

113. Como afirmaba la exposición de motivos del RDL 18/2021, de 28 de septiembre, con la finalidad de corregir de forma urgente los problemas que las diferentes modificaciones normativas han puesto de manifiesto, tratando de garantizar así la mayor protección de los

A pesar de los distintos esfuerzos del legislador, a día de hoy, no existe criterios claros que establezcan una jurisprudencia o un marco normativo que se pronuncie expresamente en relación a la compatibilidad o disfrute acumulativo del Ingreso Mínimo Vital con las prestaciones de desempleo en España. Como se afirmó anteriormente, las prestaciones de desempleo de nivel contributivo y no contributivo tienen distintas características y finalidades en comparación con el IMV, lo que puede influir en la interpretación de una percepción acumulativa de prestación de desempleo e IMV.

Como se verá, la única referencia normativa que pueden ofrecer alguna pauta interpretativa sea el tratamiento previsto para estas rentas procedentes de desempleo, en el momento de la solicitud del IMV, según se hayan recibido en el año en curso o, en cambio, se hayan percibido durante el año anterior a la solicitud. Todo ello, a los efectos de efectuar el juicio acerca del momento en que se ha actualizado la contingencia de «vulnerabilidad económica» en la unidad de convivencia.

4.4.2. Prestaciones por desempleo percibidas e IMV

Junto a los supuestos de concurrencia de pensiones públicas o del subsidio de mayores de 52 años con el IMV en los términos ya analizados anteriormente[114], a continuación, se centrará la atención en el análisis y tratamiento de las rentas procedentes del reconocimiento de prestaciones de desempleo y sus efectos jurídicos que éstas despliegan cuando se ha solicitado la prestación del IMV atendiendo, no sólo al monto de la cuantía de la prestación reconocida sino, especialmente, al del tipo de prestación, esto es, que el propio solicitante o, en su caso, algún beneficiario del IMV perciba alguna de las prestaciones por desempleo.

En aquellos supuestos en que la contingencia de la vulnerabilidad económica se haya manifestado en el año anterior a la solicitud del IMV, una de las primeras comprobaciones de la Entidad Gestora consistirá será averiguar si el titular o alguno de los beneficiarios de la unidad de convivencia le ha sido reconocida o ya es perceptor, a la fecha de la petición, de alguna de las prestaciones de la seguridad social, cualquiera que sea la naturaleza contributiva o no contributiva de la misma atendiendo al cumplimiento de los principios de colaboración y cooperación entre las distintas entidades gestoras, de conformidad con lo establecido en el art. 32.1 LIMV, promoviendo convenios de colaboración, por parte del Ministerio con competencias en materia de Seguridad Social, entre las Administraciones Públicas y Entidades Gestoras para mejorar la eficiencia en la gestión del IMV (art. 11.5.2 LIMV).

---

beneficiarios del ingreso mínimo vital. En este sentido cfr. sentencia de la Sala de lo Social del Tribunal Superior de Justicia (Extremadura) de 4 de abril de 2022, sentencia 211/2022.

114.   Cfr. *Ut supra* epígrafe del Capítulo IV.4.3.

En estos casos de prestaciones de desempleo ya reconocidas, se requerirá que en el ejercicio inmediatamente anterior al de la solicitud el beneficiario individual o, en su caso, la unidad de convivencia, no haya superado los límites de renta y patrimonio, de acuerdo con lo previsto en el artículo 20 y primer párrafo del artículo 21, apartado 7 de la presente ley, establecidos en el anexo IV, de conformidad con la información proporcionada a la entidad gestora de la prestación por la Agencia Estatal de la Administración Tributaria o las haciendas tributarias forales de Navarra y de los territorios históricos del País Vasco.

En relación con los supuestos de vulnerabilidad económica sobrevenida en el año en curso[115], y aquí reside la especialidad que afecta a las prestaciones de desempleo, se trata del supuesto regulado en el art. 11.5 LIMV, precepto que proporciona un tratamiento especial a aquellas rentas que proceden de las prestaciones de desempleo. En efecto, no se tendrán en cuenta las prestaciones o subsidios por desempleo, en cualquiera de sus modalidades, incluida la renta activa de inserción, ni la prestación por cese de actividad, percibidas durante dicho año en curso, a condición de que en el momento de la solicitud de la prestación de ingreso mínimo vital el derecho a aquellas prestaciones o subsidios se haya extinguido por agotamiento, renuncia, o por superar el límite de ingresos previsto, en su caso, para el mantenimiento del derecho y sin que se tenga derecho a una prestación o subsidio[116].

De entrada, conviene advertir que aparentemente, a juicio del Legislador, la posible situación de vulnerabilidad económica queda descartada mientras el solicitante se encuentra en un período de cobertura de las prestaciones por desempleo. Estos extremos deberán ser acreditados en el momento de la solicitud de la prestación de ingreso mínimo vital mediante el oportuno sistema de interoperabilidad electrónica entre el Servicio Público de Empleo Estatal o, en su caso, la entidad gestora de la prestación de cese de actividad, que ha de facilitar al Instituto Nacional de la Seguridad Social los datos necesarios para verificar la cuantía y el tipo de rentas percibidas.

No obstante, a pesar de ese tratamiento aparentemente favorecedor del acceso a la IMV, únicamente dejan de computar «provisionalmente» pues, en todo caso, en el año siguiente al del reconocimiento de la prestación de ingreso mínimo vital al amparo de lo previsto en este apartado, se procederá a la regularización de las cuantías abonadas en relación con los datos de promedio mensual del conjunto de ingresos y rentas anuales computables de la persona bene-

---

115. Una interpretación de la voluntad del legislador acerca del reconocimiento del IMV en los supuestos de contingencia «en el año en curso» en sentencia del Juzgado de lo Social número 28 de Barcelona sentencia núm. 174/2021 de 14 mayo. JUR 2021\272444.
116. Un estudio que propone la conveniencia de mantener las dos prestaciones entre la renta activa de inserción y el ingreso mínimo vital, cfr. DE NIEVES NIETO, N.: «*Ingreso mínimo vital y renta activa de inserción*», en Revista Española de Derecho del Trabajo, núm. 236, 2020, págs. 113-148.

ficiaria individual o del conjunto de miembros de la unidad de convivencia, correspondientes al ejercicio en el que se reconoció la prestación de desempleo o cese de actividad, de conformidad con la información de que dispongan las Administraciones Tributarias, dando lugar, en su caso, a las actuaciones previstas en el artículo 19 LIMV sobre reintegro de prestaciones indebidamente percibidas, incluida la renta activa de inserción pues no se debe excluir del cómputo de ingresos del actor lo percibido por éste en concepto de Renta Activa de Inserción y así el reconocimiento del de ingreso mínimo vital, contrariamente a lo preceptuado en los artículos 7.1.d), 8 y 18 del RD-L 20/2020, porque tal prestación no se considera como una «renta mínima de inserción», ni es concedida por las Comunidades Autónomas, sino por el Servicio Público de Empleo Estatal. De ahí que deba computarse a los efectos de determinar los umbrales de la renta garantizada de la correspondiente unidad de convivencia[117].

Precisamente, para garantizar la sustitución de las rentas procedentes de prestaciones por desempleo, cuando éstas han consumido el período máximo de percepción, se publicó un regulación sobre la transición del subsidio de desempleo o desempleo asistencial hacia el ingreso mínimo vital, que ha regulado la reciente Disposición Adicional 1ª del Real Decreto Ley 7/2023, de 19 de diciembre (BOE 20 de diciembre de 2023) y, aunque finalmente el citado Real Decreto-Ley no superó con éxito la convalidación en el Congreso de los Diputados, es previsible que su contenido se reproduzca en una norma legal ulterior.

En efecto, en la decaída Disposición Adicional 1ª del mencionado RD-Ley 7/2023, se preveía un procedimiento interno de transición desde la finalización por extinción del subsidio, por agotamiento, renuncia o por superar el límite de ingresos del beneficiario de la prestación de desempleo y, en todo caso, sin que haya reinsertado en el mercado laboral, a fin de que la entidad gestora del subsidio por desempleo remitiera la entidad gestora del ingreso mínimo vital el consentimiento de los interesados, con la finalidad de que esta última entidad gestora tramitara, en su caso, la prestación de ingreso mínimo vital.

No obstante, incluso si esta norma extraordinaria hubiera obtenido el suficiente soporte parlamentario en el momento de su convalidación en el Congreso de los Diputados, su entrada en vigor de esta versión de transición del subsidio de desempleo al ingreso mínimo vital estaba postergada, de conformidad con lo previsto en la Disposición Transitoria 1ª del RDL 7/2023, de 19 de diciembre, a 1 de junio de 2024. Parece deseable, que este plazo y esta vía de transición entre las prestaciones de la Seguridad Social se mantenga en la futura norma, si es que se elabora en el futuro próximo.

---

117. En este sentido, cfr. STSJ (Madrid, Sección 1ª) de 4 de febrero de 2022 (sentencia 93/2022); Tribunal Superior de Justicia de Madrid, (Sala de lo Social, Sección 4ª) de 31 de marzo de 2022 (sentencia núm. 234/2022), sentencias muy clarificadoras en cuanto a la delimitación acerca de cuáles son los ingresos computables, especialmente en relación con el cómputo para determinar el umbral protegible en la prestación del ingreso mínimo vital.

5. LA CONCURRENCIA DEL INGRESO MÍNIMO VITAL Y LA RENTA ACTIVA DE INSERCIÓN

Con carácter general, se podrá acceder al ingreso mínimo vital ante la aparición de la «vulnerabilidad económica», si ésta se manifiesta con un promedio mensual del conjunto de ingresos y rentas anuales computables de la persona beneficiaria individual o del conjunto de miembros de la unidad de convivencia, correspondientes al ejercicio anterior, en los términos establecidos en el artículo 20, esto es, sea inferior, al menos en 10 euros, a la cuantía mensual de la renta garantizada con esta prestación en los términos del artículo 13 de la LIMV.

En cambio, en relación con el supuesto previsto en el apartado 5 del art. 11 LIMV, esto es, cuando no se reúna el requisito de vulnerabilidad económica en el ejercicio anterior, pero la situación de vulnerabilidad económica sí ha sobrevenido durante el año en curso, el régimen jurídico de la prestación no contributiva prevé la apertura de un período extraordinario para solicitar el IMV, con menos posibilidades de una comprobación efectiva del conjunto de rentas e ingresos de la unidad de convivencia. En concreto, tal período se extiende desde el 1 de abril hasta el 31 de diciembre del año en curso.

Pues bien, efectuando una interpretación sistemática de los derechos en liza, esto es, siguiendo el tenor literal de este art. 11.5 y del art. 13, ambos del LIMV, cuando la contingencia protegida por el IMV acontece durante el año en curso se da un tratamiento especial y provisional a determinados tipos de renta por diversas razones: en primer lugar, es un tratamiento especial que pretende facilitar una respuesta urgente que intente amortiguar los efectos de una vulnerabilidad económica súbita o sorpresiva, reconociendo una prestación protectora y, en segundo lugar, es un reconocimiento provisional porque una vez superado el año en curso se efectuará una regularización de la totalidad de ingresos y gastos y, en su caso, procedería la tramitación de un expediente de reintegro de prestaciones de IMV indebidamente percibidas.

Por ello, ante esa situación especial, se establece que para el cómputo de las rentas del año en curso no se tendrán en cuenta las prestaciones o subsidios por desempleo, en cualquiera de sus modalidades, incluida la renta activa de inserción, ni la prestación por cese de actividad, percibidas durante dicho año (art. 11.5.2 LIMV).

En efecto, únicamente se descartan, provisionalmente, las cuantías percibidas como renta activa de inserción y de otras prestaciones, cuando la solicitud el ingreso mínimo vital se presenta ante una ausencia sorpresiva de rentas que desencadena la actualización de la contingencia de vulnerabilidad económica. Esta exclusión de los ingresos procedentes de la renta activa de inserción sólo se produce cuando se insta el IMV durante el año en curso y obliga, ante esa solicitud, que la Entidad Gestora responda mediante una resolución de carácter «provisional», esto es, sin una exhaustiva comprobación de la situación patrimonial y se resolverá, de modo definitivo, al año siguiente y, en su caso, con una efectiva y contrastada comprobación de la situación patrimonial del solicitante o de la unidad de convivencia que podría conllevar consigo que la prestación inicialmente reconocida se confirme o, en su caso, se revoque, procediendo al reintegro de prestaciones de IMV indebidamente percibidas.

A la vista de este doble supuesto, en función del año en que solicite el IMV, los efectos de la percepción de la renta activa de inserción son los regulados por la norma legal vigente, esto es, la Ley 19/2021, de 20 de diciembre. Allí, en su artículo 11.2, se establece que se apreciará la vulnerabilidad económica *«cuando el promedio mensual del conjunto de ingresos y rentas anuales computables de la persona beneficiaria individual o del conjunto de miembros de la unidad de convivencia, correspondientes al ejercicio anterior, en los términos establecidos en el artículo 20, sea inferior, al menos en 10 euros, a la cuantía mensual de la renta garantizada con esta prestación que corresponda en función de la modalidad y del número de miembros de la unidad de convivencia en los términos del artículo 13».* Después añade que para acreditar la situación de vulnerabilidad económica producida durante al año en curso, se atenderá exclusivamente al cumplimiento del requisito de ingresos de conformidad con lo previsto en el apartado 2 de este artículo (art. 11 LIMV), considerando para ello la parte proporcional de los ingresos que haya tenido el beneficiario individual o, en su caso, la unidad de convivencia durante el tiempo transcurrido en el año en curso, de conformidad con los datos obrantes en los ficheros y bases de datos de la Seguridad Social que permitan la verificación de dicha situación, o bien, y en su defecto, lo que figure en la declaración responsable para el año en curso.

En todo caso, para el cómputo de las rentas del año en curso no se tendrán en cuenta las prestaciones o subsidios por desempleo, en cualquiera de sus modalidades, incluida la renta activa de inserción, ni la prestación por cese de actividad, percibidas durante dicho año siempre que en el momento de la solicitud de la prestación de ingreso mínimo vital el derecho a aquellas prestaciones o subsidios se haya extinguido por agotamiento, renuncia, o por superar el límite de ingresos previsto, en su caso, para el mantenimiento del derecho y sin que se tenga derecho a una prestación o subsidio. Estos extremos deberán ser acreditados en el momento de la solicitud de la prestación de ingreso.

En fin, aunque se compute como ingreso lo percibido en concepto de renta activa de inserción, si esta prestación de desempleo de carácter temporal es reconocida con posterioridad a la solicitud del IMV, afectaría a la prestación a partir del año siguiente al de la solicitud del IMV, debiendo calcularse lo percibido en el año actual por la beneficiaria «en promedio mensual» para comprobar si se mantienen los requisitos o se afecta a la cuantía de la prestación.

De conformidad con el artículo 5 del Real Decreto 1369/2006, de 24 de noviembre, la renta activa de inserción es de naturaleza temporal. Por tanto no puede suponer la extinción del derecho al ingreso mínimo vital al amparo del artículo 18.1.b de la LIMV sino únicamente la suspensión al amparo del artículo 17.1.a) LIMV. En cambio, si se toma en consideración la renta activa de inserción percibida en el año posterior al del reconocimiento del IMV y, en su caso, se procediera a la correspondiente redistribución entre los doce meses del año y el importe mensual del IMV no fuese superior al menos en 10 euros al promedio mensual de ingresos así calculado, ni siquiera debería producir la suspensión de la prestación, aunque sí podría afectar a su cuantía final porque, conforme al artículo 13.1 LIMV, la cuantía mensual de la prestación de ingreso mínimo vital vendrá determinada por la diferencia entre la cuantía de la renta garantizada y el conjunto de todas las rentas e ingresos de la persona beneficiaria o de los miembros que componen esa unidad de convivencia del ejercicio anterior, en los términos establecidos en los artículos 11, 16 y 19, siempre que la cuantía resultante sea igual o superior a 10 euros mensuales[118].

En todo caso, como hemos visto, la interpretación que adoptamos de la norma es que la renta activa de inserción no se computa, quedando comprendida dentro de la excepción del artículo 11.2 LIMV, puesto que la expresión «*concedidas por las comunidades autónomas*» se refiere únicamente a las «ayudas análogas de asistencia social» y no a los «salarios sociales» ni a las «rentas mínimas de inserción». Todo ello, cuando la prestación del IMV se solicita en el año en curso o cuando la solicitud de IMV se produce sin que aún haya sido reconocida la prestación no contributiva. Posteriormente, al año siguiente, se integrará en el conjunto de rentas del solicitante o de la unidad de convivencia y, desde luego,

---

118. En este sentido, puede resultar clarificador el tratamiento cuantitativo de lo aquí afirmado y sostiene, con buen criterio, la doctrina de suplicación: «*El artículo 10.2 nos dice que se considera renta garantizada en el caso de una persona beneficiaria individual, la cuantía mensual de renta garantizada ascenderá al 100 por ciento del importe anual de las pensiones no contributivas fijada anualmente en la ley de presupuestos generales del estado, dividido por doce. El artículo 45 de la Ley de Presupuestos Generales del Estado para 2022 nos dice que para el año 2022, la cuantía de las pensiones de jubilación e invalidez del sistema de la Seguridad Social, en su modalidad no contributiva, se incrementará en el 3 por ciento respecto de la cuantía establecida para 2021, quedando en un importe anual de 5.808,60 euros (no procede aplicar ningún complemento por carencia de vivienda en propiedad, porque al respecto nada consta en los hechos probados). Por tanto, la renta garantizada para 2022 en términos mensuales es de 484,05 euros. Los únicos ingresos computables que constan del año 2021 son los derivados de la renta activa de inserción, que conforme a los hechos probados se percibe desde el 10 de marzo de 2021 y asciende a 451,92 euros mensuales (80% del IPREM vigente, conforme al artículo 4.2 del Real Decreto 1369/2006). Esto implica dar por probado que percibió en el año 2021 4.388 euros en total, siendo el promedio mensual por tanto de 365,67 euros. Como la diferencia con los 484,05 euros es superior a 10, no se produciría tampoco la suspensión del derecho, incluso si se computase la renta activa de inserción, sino solamente la reducción de la cuantía del ingreso mínimo vital mensual a partir del año 2022 a 118,38 euros.*» Cfr. Sentencia de la Sala de lo Social del Tribunal Superior de Justicia (Comunidad de Madrid), Sección núm. 2, de 29 de junio de 2022 (Rec. 488/2022).

podrá originar la suspensión o, en función de la cuantía de las rentas percibidas, una minoración de la cuantía reconocida en el IMV.

6. LA RELACIÓN SUPLEMENTARIA DEL INGRESO MÍNIMO VITAL Y LAS PRESTACIONES DE LA SEGURIDAD SOCIAL DE PROTECCIÓN A INFANCIA

6.1. UNA ACCIÓN PROTECTORA ESPECÍFICA DE ATENCIÓN A LA INFANCIA

La regulación sobre la prestación por hijo a cargo ha padecido sensibles fluctuaciones propiciadas por la entrada en vigor de la prestación del ingreso mínimo vital. En los momentos iniciales, con la mejor intención, la prestación familiar por hijo a cargo se convirtió en una «brújula» para detectar posibles beneficiarios del ingreso mínimo vital que, o bien porque no podían acceder por la brecha digital a los instrumentos de administración electrónica que permitían solicitar esta nueva prestación no contributiva en plena situación de pandemia, o bien, por el mero desconocimiento de su implantación. De hecho, en los primeros compases del IMV, cuando no se disponía de la extensión de la población protegida por esta nueva prestación, la Entidad Gestora siguiendo el tenor literal, con buen criterio, a aquellas unidades de convivencia perceptoras de la prestación por hijo cargo pensó que eran merecedoras, probablemente, del reconocimiento del IMV y se procedía al reconocimiento de la denominada «prestación transitoria»[119].

Una vez superados aquellos momentos más difíciles de la pandemia y coincidiendo con la tramitación parlamentaria del Real Decreto Ley 20/2020, se promueve la transformación de la prestación por hijo a cargo en un nuevo complemento aparejado al reconocimiento del ingreso mínimo vital, el denominado complemento de ayuda a la infancia, cuya acción protectora se concentra en aquellas unidades de convivencia donde existan hijos menores de 18 años para dispensar una protección reforzada a las unidades de convivencia más vulnerables y, a la vez, asegurar un plus de rentas como manifestación de la protección a la infancia que convive con un contexto de vulnerabilidad económica y riesgo de exclusión social[120].

---

119. Cfr. En la Disposición Transitoria primera del Real Decreto Ley 20/2020, de 29 de mayo, por la que se establece el Ingreso Mínimo Vital, que establecía las prestaciones económicas transitorias de ingreso mínimo vital hasta el 31 de diciembre de 2021, a aquellas unidades de convivencia que reunieran ciertos requisitos, entre ellos, ser perceptora de la prestación por hijo a cargo. Precepto aplicado por la Sentencia de la Sala de lo Social del Tribunal Superior de Justicia de Castilla-León (Burgos) de 23 de junio de 2021 (Rec. 280/2021) y Sentencia de la Sala de lo Social del Tribunal Superior de Cantabria de 3 de octubre de 2023 (Rec. 517/2023).

120. Se puede consultar un estudio reciente sobre la prestación familiar por hijo a cargo en RUBIO VELASCO, M.F.: *«Las prestaciones familiares por hijo a cargo»*. Seguridad Social

En efecto, es preciso resaltar la transición de la prestación no contributiva de hijo a cargo y la aprobación por la legislación de una nueva prestación, anudada a la prestación del ingreso mínimo vital, como es el complemento de ayuda para la infancia, prestación que pretende ocupar la acción protectora de la prestación familiar por hijo a cargo tras su aprobación en la Disposición Adicional 10ª de la Ley 19/2021, de 20 de diciembre. A tal efecto, el Instituto Nacional de la Seguridad Social, dentro de los tres meses siguientes a la fecha de entrada en vigor de la citada Ley, reconocerá de oficio el complemento de ayuda para la infancia en los supuestos de unidades de convivencia de los actuales beneficiarios de la asignación económica por hijo o menor a cargo sin discapacidad o con discapacidad inferior al 33 por ciento[121], aunque deja espacios para seguir percibiendo la prestación por hijo a cargo, si de extinguirse el IMV se mantiene el derecho al percibo de la prestación familiar.

6.2. LA PRESTACIÓN POR HIJO A CARGO COMO *«PRESTACIÓN TESTIGO»* DE LA VULNERABILIDAD ECONÓMICA

No es el propósito aquí la elaboración de un estudio exhaustivo del estado actual de la prestación por hijo a cargo. Parece más apropiado aproximarse al estudio de esta prestación en tanto que permite comprender qué rol e influencia ha desplegado cuando el legislador ha establecido una nueva prestación no contributiva, el ingreso mínimo vital, en uno de los contextos socio-sanitarios más complicados al que ha tenido que hacer frente la sociedad española con buena parte de los sectores productivos «hibernados» mediante la expansión de los expedientes de regulación temporal del empleo (art. 47 ET) y, los que no podían acceder a esta fórmula de sustitución de rentas de trabajo por prestaciones sociales, se tuvo que aprobar, por una vía de urgencia, una prestación que atendiera, entre otras cosas, la contingencia de vulnerabilidad económica acentuada, también, por el COVID 19, como explicaba el apartado II de la Exposición de Motivos del RDLIMV 20/2020, de 29 de mayo, después de haber padecido la mencionada norma hasta siete modificaciones ulteriores todas por Real Decreto Ley[122].

---

para todas las personas. Actas del V Congreso Internacional y XVIII Congreso Nacional de la AESS. Murcia, LABORUM, 2021, págs. 694 y ss.

121. A los efectos de concretar el monto de estas ayudas, el artículo 2 del Real Decreto-Ley 8/2019, de 8 de marzo, de medidas urgentes de protección social y de lucha contra la precariedad laboral en la jornada de trabajo, ha incrementado la cuantía anual (con efectos de 1 de abril de 2019) para los hijos o menores a cargo, menores de 18 años, sin discapacidad hasta la cifra de 588 euros anuales (49,00 euros mensuales), cuando los ingresos del beneficiario no rebasen el límite establecido de 14.011,00 euros anuales más un 15% por cada hijo o menor acogido a cargo a partir del segundo. Por otro lado, el complemento de ayuda a la infancia, aprobado en la D.A. 10ª de la Ley 19/2021, de 20 de diciembre, una vez actualizados los incrementos al año 2023, la cuantía asciende a los 57,50 euros al mes por cada hijo de entre seis y 18 años; a los 80,50 euros por cada hijo de entre tres y seis años, y a los 115 euros por cada hijo menor de tres años.

122. Exposición de motivos que reiteró sus contenidos del Real Decreto Ley al Proyecto de Ley

Además de los efectos dramáticos que originó la pandemia, se sumaba otro grave problema para la Administración de la seguridad social relacionado con la extrema dificultad de facilitar el acceso a los verdaderos sectores de la población afectados por la vulnerabilidad económica, esto es, a quienes realmente lo necesitasen.

Es preciso recordar, que la nueva prestación no contributiva se despliega cuando las entidades gestoras tenían las oficinas cerradas al público y, en el mejor de los casos, se podía solicitar esas prestaciones mediante procedimientos electrónicos y con certificados electrónicos que acreditaran esa identidad, procedimientos y certificados que no son habituales en los ciudadanos que, aparentemente, no disponían de los mismos.

De hecho, una de las principales preocupaciones existentes fue la extrema diferencia, por defecto, entre la demanda potencial de beneficiarios del IMV y las prestaciones efectivamente reconocidas[123]. En efecto, el riguroso cribado sobre los requerimientos de acceso al ingreso mínimo vital ha hecho patente algunas dificultades para redistribuir los beneficios sociales a la población que está dentro de los perímetros del umbral de la vulnerabilidad económica y la exclusión social[124].

---

definitivamente aprobado por las Cortes Generales en la Ley 19/2021, de 20 de diciembre. Se afirmaba lo siguiente: «*La necesidad de la puesta en marcha del ingreso mínimo vital como política destinada a corregir estos problemas se ha visto acelerada por la crisis sanitaria de COVID-19, pues más allá del impacto directo sobre la actividad económica, la pandemia ha desembocado en una profunda crisis social, que afecta especialmente a las personas en situación de vulnerabilidad.*
Las situaciones de crisis proyectan sus efectos más perjudiciales sobre la población más vulnerable e insegura, que no goza de una estabilidad permanente en sus ingresos, y que además está insuficientemente atendida por la mayor parte de las políticas sociales, vinculadas a la existencia de relaciones estables de empleo.
Por tanto, a la vista de lo expuesto anteriormente, la situación de pobreza y desigualdad existente en España y el incremento de la vulnerabilidad económica y social ocasionado por el COVID-19, no han hecho sino confirmar la necesidad de poner en marcha un mecanismo de garantía de ingresos de ámbito nacional»

123. Un desfase especialmente preocupante en numerosos territorios y que fue expresamente analizado en la Comunidad de Madrid. «Según cálculos del Gobierno, el IMV llegaría a 850.000 hogares (2,3 millones de personas), triplicando así la protección a la población con escasos recursos en España. Sin embargo, aún no se dispone de su desarrollo reglamentario, por lo que se mantienen muchas incógnitas sobre determinados elementos de su puesta en marcha». Cuando la primera nómina del IMV apenas alcanzó a 258000 personas físicas. Cfr. CONSEJERÍA DE POLÍTICAS SOCIALES, FAMILIAS, IGUALDAD Y NATALIDAD: «*Análisis del IMV, complementariedad y solapamientos con la RMI en la Comunidad de Madrid «Estimación del impacto de la crisis en la pobreza en la Comunidad de Madrid»*, en página electrónica https://www.comunidad.madrid/sites/dcfault/files/informe_final_imvcm.pdf, especialmente, págs. 20-23. (Visitada el 5/10/2023).
124. NATO, A.: «*El ingreso mínimo garantizado en la Unión Europea Entre la crisis económica y el Pilar Europeo de los Derechos Sociales: aspectos críticos de un instrumento legal positivo y esencial para combatir la pobreza*». *IUS ET VERITAS*, (59), 2019, 256-267.

Es más, como se ha llegado a afirmar en alguna sentencia resolviendo un recurso de suplicación, el balance del bienio transcurrido desde la entrada en vigor del ingreso mínimo vital es el de «*un subsidio aprobado en plena pandemia del coronavirus para luchar contra la pobreza, los ingresos bajos o los empleos precarios, que el Gobierno se comprometió hacer llegar a 850.000 hogares vulnerables y 2,3 millones de personas, no ha llegado por su lentitud en su tramitación burocrática al número de personas esperado, siendo más del doble los expedientes rechazados que aceptados*» [125].

Ante esta situación, se tuvo que idear algún cauce efectivo para proporcionar rentas a las personas en situación técnica de pobreza, pero que no tenía un acceso efectivo a los cauces administrativos para acceder a la prestación del Ingreso Mínimo Vital y, a la vez, que esa acción de las Entidades Gestoras se dirigiera a aquellas personas y unidades de convivencia que realmente lo necesitaran, actuación que se tenía que planificar con la máxima premura posible [126]. Todo ellos en una situación excepcional caracterizada por las oleadas de infecciones provocadas por el COVID-19. Este complejo panorama se palió, en parte, por los datos y por la identificación de los beneficiarios de la prestación familiar no contributiva de hijo a cargo, que desempeñó de un papel de «prestación brújula» o «prestación testigo» permitiendo que los beneficiarios de la prestación familiar pudieran acceder directamente a la acción protectora dispensada por el ingreso mínimo vital a la que se acumulaba las rentas procedentes de la anteriormente reconocida en concepto de prestación familiar por hijo a cargo.

Precisamente fue en ese contexto, del que era conocedor el legislador, en el que la normativa reguladora del IMV permitió detectar situaciones de vulnerabilidad económica en unidades familiares que ya eran perceptores de la prestación no contributiva por hijo a cargo y, por tanto, que ya habían acreditado a juicio de la entidad gestora que su nivel de rentas e ingresos se amoldaba a los requisitos exigidos por el Real Decreto Ley 20/2020. Así pues, la prestación no contributiva por hijo a cargo se convirtió en la «prestación testigo» que el sistema de la seguridad social instrumentalizó, como medio de prueba que permitía acreditar cuál era el volumen de rentas e ingresos acreditados anteriormente a la entidad gestora para el reconocimiento de una prestación no contributiva, a fin de obtener por una vía de urgencia el reconocimiento de la prestación del ingreso mínimo vital a unidades de convivencia que presumiblemente se encon-

---

125. Cfr. Sentencia de la Sala de lo Social del Tribunal Superior de Justicia de la Comunidad de Madrid (Sección 1ª) de 15 de septiembre de 2023 (Rec. 517/2023), en f.j.6º.

126. Una detallada descripción de la normativa que incorporaba la prestación transitoria del ingreso mínimo vital a los perceptores de la prestación familiar por hijo a cargo se puede consultar en RUBIO VELASCO, M.F.: «*Las prestaciones familiares por hijo a cargo*». Op. cit., especialmente en págs. 697 y ss.

traban en situación vulnerabilidad económica[127], sin que este tratamiento haya dejado rastro de conflictos en los órganos judiciales del orden jurisdiccional social. Circunstancia sobre la escasa ausencia de conflictos en la vía judicial que podría explicarse porque el propio texto legal condicionaba el reconocimiento del IMV, mediante la recreación de la «prestación transitoria» a una posición jurídica más favorable que la existente cuando se percibía la prestación familiar por hijo a cargo[128].

En definitiva, la actuación del legislador fue reconocer una prestación «provisional» del ingreso mínimo vital, amortizando la prestación familiar por hijo a cargo, durante el período de percepción de la prestación transitoria del IMV, esto es, hasta el 31 de diciembre de 2022, impidiendo que se pudieran presentar nuevas solicitudes de la prestación por hijo a cargo por parte de los perceptores de la prestación IMV «transitoria». Regulación que se ha mantenido, tras la tramitación parlamentaria del Proyecto de Ley de la noma Urgente, en el la Disposición Transitoria 1ª de la Ley 19/2021, de 20 de diciembre, por la que se establece el ingreso mínimo vital. En concreto, se afirma que, hasta el 31 de diciembre de 2022, se podía percibir el IMV para los beneficiarios que ya eran perceptores de la asignación económica por hijo o menor a cargo, sin discapacidad o con discapacidad inferior al 33 por ciento, a condición de que cumplan determinados requisitos y cuya asignación económica sea inferior al importe de la prestación del ingreso mínimo vital.

A partir del 1 de enero de 2023, los beneficiarios de la prestación del IMV, que mantengan los requisitos que dieron lugar al reconocimiento de la prestación transitoria, podrán pasar a ser considerados como beneficiarios del ingreso

---

127. Así, se afirmó por la doctrina que «*Desde 1 de junio de 2020, fecha de entrada en vigor del Real decreto-ley 20/2020, por el que se establece el ingreso mínimo vital, queda suprimida la asignación económica por cada hijo o menor de 18 años a cargo sin discapacidad o con un grado de discapacidad inferior al 33 por ciento, no pudiendo presentarse nuevas solicitudes por estos causantes.*
Se pretende evitar duplicidades de cara al ciudadano y en aras de una mayor efectividad de la política. *Con la puesta en marcha del ingreso mínimo vital se exigirá también una progresiva reordenación del conjunto de ayudas estatales cuyos objetivos se solapan con los de esta nueva política. De ahí, la eliminación de la actual prestación de la Seguridad Social por hijo o menor acogido a cargo sin discapacidad o con discapacidad inferior al 33 por ciento18». Cfr. RUBIO VELASCO, M.F.:* «*Las prestaciones familiares por hijo a cargo*». Seguridad Social para todas las personas. Actas del V Congreso Internacional y XVIII Congreso Nacional de la AESS. Murcia, Laborum, 2021, especialmente en pág. 698.
128. De hecho, en el apartado 1 *in fine*, de la Disposición Transitoria 1ª de la Ley 19/2021, de 20 de diciembre se condiciona el reconocimiento de la prestación transitoria del ingreso mínimo vital al hecho de que ésta «*sea igual o superior al importe de la asignación económica que viniera percibiendo*». Alguna sentencia se ha dictado para estas prestaciones transitorias, cfr. Sentencia de la Sala de lo Social del TSJ (Castilla-León) de 23 de junio de 2021 (Rec. 280/2021) que declara el abono procedente del IMV ya que debe excluirse (a efectos de su posible denegación por acumulación de rentas) el cómputo de las prestaciones por desempleo percibidas por la demandante, por cuanto la alegación judicial del INSS en este sentido resulta extemporánea y falta de prueba válida administrativa.

mínimo vital. Una vez más, se puede comprobar que está normativa se encontraba impregnada del contexto pandémico y prueba de esas circunstancias de extraordinaria necesidad derivadas de la crisis sanitaria que requerían su cobertura urgente, Por ello, el Instituto Nacional de la Seguridad Social reconocía la prestación transitoria de ingreso mínimo vital a los actuales beneficiarios de la prestación económica por hijo o menor a cargo del sistema de la Seguridad Social que reunían determinados requisitos. Los que no lo reunían, procederá la extinción de la prestación del IMV y habrán de solicitar nuevamente la prestación por hijo a cargo, dado el carácter transitorio del IMV reconocido, y reanudarán el percibo de la asignación económica por hijo a cargo siempre que mantengan los requisitos para ser beneficiarios de los mismos (D.T. 6ª de la Ley 19/2021, de 20 de diciembre)[129].

Una vez finalizada este período transitorio, la propia DT 1ª, en su apartado 11, prevé la aplicación del régimen estándar de la prestación del ingreso mínimo vital y, por tanto, el agotamiento temporal de la situación especial para los perceptores de la prestación por hijo a cargo. En efecto, a partir del 1 de enero de 2023 la prestación transitoria se podrá reconocer la prestación de ingreso mínimo vital, siempre que se reúnan los requisitos establecidos en esta ley y el interesado aporte antes del 31 de diciembre de 2022 la documentación que a tal efecto le sea requerida por el Instituto Nacional de la Seguridad Social. Para la determinación de la situación de vulnerabilidad se tendrá en cuenta el patrimonio, renta e ingresos de todos los miembros que integran la unidad de convivencia configurada en los términos previstos en los artículos 6, 7 y 8 de esta norma. En otro caso, se reanudará el percibo de la asignación económica por hijo o menor a cargo, siempre que se mantengan los requisitos para ser beneficiario de esta prestación. Por consiguiente, esto supone la recuperación de la prestación que había quedado a extinguir tras el reconocimiento del IMV.

En cualquier caso, es preciso tener en cuenta que la prestación no contributiva por hijo a cargo no se considera renta exenta a los efectos de determinar el cómputo de los ingresos y patrimonio del beneficiario o de la unidad de convivencia, situación que se ha mantenido invariable desde la aprobación del RDLIMV y persiste tras su tramitación parlamentaria mediante la Ley 19/2021, de 20 de diciembre[130].

---

129. Lo que da pie a situaciones un tanto imprevistas para el legislador, pero que resultan perjudiciales para el beneficiario de la seguridad social dada la exhaustividad en la que se computan las rentas e ingresos de la prestación por hijo a cargo sin las exclusiones que establece el régimen legal del Ingreso Mínimo Vital. En este sentido, se puede consultar doctrina de suplicación que confirma la denegación de la prestación familiar no contributiva por hijo a cargo por superar la beneficiaria el requisito de límite de rentas por ingresos anuales al percibir la comunidad de vecinos una subvención del Ayuntamiento para la rehabilitación de fechadas. Cfr. Sentencia de la Sala de lo Social del Tribunal Superior de Justicia de Asturias de 26 de junio de 2018 (Rec. 1175/2018).

130. En este sentido se ha afirmado por alguna sentencia que resuelve recurso de suplicación conforme al art. 18.3, párrafo segundo de la regulación inicial del IMV el «*último inciso del*

En definitiva, como norma provisional, la regulación sobre el reconocimiento del IMV tuvo que prever el reconocimiento de una prestación transitoria de ingreso mínimo vital a determinados tipos de familias para facilitarles un rápido despliegue de la acción protectora de esta prestación durante la pandemia COVID-19: Esta selección se centró en aquellas unidades de convivencia que ya eran beneficiarias de la asignación económica por hijo o menor a cargo del sistema de la Seguridad Social, sin discapacidad o con discapacidad inferior al 33 por ciento, y que a fecha de entrada en vigor de la norma reunían los requisitos de acceso a la prestación, especialmente las referidas a los niveles de rentas e ingresos inferiores a los umbrales de rentas susceptibles de protección.

6.2.1. El reconocimiento «de oficio» del complemento para la infancia en la D.A. 10ª LIMV

Una vez superada la etapa en que se reconocía la prestación transitoria del IMV a aquellas unidades de convivencia perceptoras de la prestación por hijo cargo, se persiste en la protección a la infancia como uno de los colectivos que es más necesario proteger frente a las situaciones de vulnerabilidad económica y más sufre las consecuencias de la exclusión social. Esta preocupación del legislador origina el complemento de ayuda a la infancia[131], prestación para la infancia que ya era contemplada por la Unión Europea como por diversos organismos multilaterales[132]. En efecto, las unidades de convivencia merecedoras de especial protección se caracterizan, en prácticamente los ordenamientos

---

RD Ley 20/20... la exclusión de la prestación por hijo a cargo resulta improcedente, pues dicha prestación no contributiva está exenta de tributación por el IRPF, por así disponerlo el apartado h del art. 7 L 35/06, y las únicas rentas no sujetas a dicha fiscalidad exceptuadas del cómputo de ingresos a efectos del cumplimiento del requisito de vulnerabilidad económica, según el Art. 18.1.3º de la norma de urgencia no incluyen las de dicho apartado, sino solo las de los puntos b, c, d, i, j, n, q, r, s, t, e y del Art. 7 L 35/06». Cfr. Sentencia de la Sala de lo Social del Tribunal Superior de Justicia de La Rioja de 30 de junio de 2022 (Rec. 143/2022). No obstante, es cierto que el antiguo at. 18 RDLIMV se convirtió en el art. 20 de la LIMV, con algunas variaciones que incorpora algún supuesto más de renta excluida, pero no afectó a la cuestión relativa al cómputo de la prestación por hijo a cargo.

131. Es preciso resaltar que esta actuación del legislador supone un desarrollo de Resoluciones del Parlamento Europeo y de la Comisión, a propósito de los efectos que la pandemia del COVID-19, en materia de pobreza y de prevención de la exclusión social que afectaba especialmente a los jóvenes y a los niños. Así se ha afirmado que «*El Parlamento ha adoptado reiteradamente resoluciones con el propósito de reforzar la acción de la Unión destinada a reducir la pobreza y a mejorar las condiciones y las perspectivas de las personas socialmente desfavorecidas, por ejemplo, su* Resolución, de 22 de octubre de 2020, sobre políticas en materia social y de empleo en la zona del euro en 2020, *en la que manifestó su preocupación por los devastadores efectos sociales de la crisis de la COVID-19*. Se puede consultar en la siguiente página electrónica https://www.europarl.europa.eu/factsheets/es/sheet/60/la-lucha-contra-la-pobreza-la-exclusion-social-y-la-discriminacion (Visitada 14 de octubre de 2023).

132. En este sentido cfr. BAVIERA PUIG, I.: «*Aspectos socioeconómicos y buenas prácticas*». En el libro colectivo Ingreso Mínimo Vital (Dirigido por Antonio V. Sempere Navarro y M. Begoña Gil), Cizur Menor, Aranzadi, 2021, pág. 201.

jurídicos de los Estados Miembros de la Unión Europea adopta como criterios condicionantes del reconocimiento y de la cuantía de la prestación la edad, el número de integrantes, la presencia de personas con algún grado de discapacidad y, especialmente, la presencia de personas menores de edad[133].

Por todo ello, con ocasión de la aprobación de la Ley 19/2021, de 20 de diciembre, en su disposición adicional 10ª, se incorpora una nueva prestación denominada *«complemento de ayuda para la infancia»* que debe reconocer de oficio el INSS, en el plazo de tres meses siguientes a la fecha de su entrada en vigor, sólo a aquellas unidades de convivencia que ya vinieran percibiendo la prestación por hijo o menor a cargo sin discapacidad o discapacidad inferior al 33 por ciento. Si no hubieran sido notificados por el INSS del reconocimiento de oficio, los interesados podrán solicitarlo a la Entidad Gestora con efectos económicos desde el primer del mes siguiente al de la entrada en vigor de la Ley siempre que la solicitud se presente dentro de los seis meses siguientes al de la entrada en vigor de la D.A. 10ª de la Ley 19/2021, de 20 de diciembre[134].

No se trata de un derecho de opción indefinido, pues las unidades de convivencia disponían de un plazo de treinta días naturales, desde la fecha de la resolución de la Entidad Gestora, para ejercitar el derecho de opción entre la prestación de hijo a cargo o la del complemento de ayuda a la infancia que, desde luego, no pueden acumularse en una misma unidad de convivencia. En caso de no optar, se entiende que percibirá la percepción correspondiente al complemento de ayuda a la infancia, en la actualidad, de una cuantía superior a la de la prestación por hijo a cargo (apartado 9 de la D.A. 10ª LIMV) en relación con los dispuesto en el apartado 2.d) de la misma D.A. 10ª LIMV.

Tal complemento, además, está reservado para un determinado tipo de unidades de convivencia, aquéllas que estén integradas por los menores y uno o los dos progenitores, debiendo todos ellos, estar empadronados en el mismo domicilio. Por tanto, aparentemente, para otras composiciones de la unidad de convivencia ajenas a la descrita no se contempla el reconocimiento del complemento para la ayuda a la infancia (apartado 2.a) de la D.A. 10ª) en relación con el apartado 13 de la D.A. 10ª) de la LIMV.

Aunque existe una escasa doctrina de suplicación sobre el complemento de ayuda para la infancia, en alguna ocasión se deniega su reconocimiento, seguramente, con fundamento discutible pues, como se puede comprobar, se con-

---

133. En un relevante análisis de derecho comparado, se aprecia esta atención por la composición y, especialmente, por la edad de los miembros integrantes de la unidad de convivencia para modular las cantidades en atención a la existencia de menores de edad. Cfr. ÁLVAREZ ALONSO, D.: *«Ingreso mínimo vital y rentas mínimas en Europa: una panorámica comparada».* El ingreso mínimo vital en el sistema español de protección social (editor Joaquín García Murcia). Oviedo, KRK ediciones, 2022, págs. 688-689.

134. Como es sabido, de conformidad con la disposición final 12ª de la Ley 19/2021, de 20 de diciembre, *«La presente Ley entrará en vigor el día 1 de enero de 2022».*

funde la prestación del ingreso mínimo vital con el complemento, esto es, se procede a la denegación del complemento de ayuda para la infancia con los razonamientos propios de denegación de la prestación principal, el ingreso mínimo vital, entrando a valorar aspectos que seguramente han devenido firmes tras la tramitación del correspondiente expediente administrativo. En este sentido, siendo cierto que el reconocimiento del complemento de ayuda a la infancia está anudado al reconocimiento previo o simultáneo de la prestación del ingreso mínimo vital, cuando la pretensión del demandante se concentra en el reconocimiento del complemento, que ha sido denegado en la vía administrativa, no procedería reiterar el debate sobre la presencia, o no, de la situación de vulnerabilidad económica sino exclusivamente sobre el requisito específico para el reconocimiento del complemento, esto es, que la única composición apropiada para el reconocimiento del complemento de ayuda para la infancia es la integrada por el progenitor o progenitores y los menores[135]. Al margen de este tipo de unidades de convivencia, no procede el reconocimiento de la mencionada prestación de protección a los menores de edad.

En posteriores desarrollos reglamentarios del IMV, en concreto, en el R.D. 789/2022, de 27 de septiembre[136], esta norma reglamentaria se refiere a esta ayuda para la infancia como un complemento de la prestación del ingreso mínimo vital básico. Por tanto, así lo ha interpretado el legislador, ese complemento de ayuda para la infancia es ingreso mínimo vital. De ahí que, para conocer si el importe de la prestación supera o no los 10 euros de la renta garantizada como límite mínimo para su abono (art. 13.1 LIMV), se ha de tener en cuenta la suma de ambos conceptos, como así se recoge en la citada disposición adicional primera.

6.2.2. El complemento monoparental en el ingreso mínimo vital

Desde su aprobación inicial en el art. 10.c) del RDL 20/2020, de 20 de mayo y, sin modificación tras su tramitación parlamentaria que se mantuvo como nuevo art. 13.c) en la Ley 19/2021, de 20 de diciembre, el denominado complemento monoparental incrementa la cuantía del ingreso mínimo vital. En efecto, de conformidad con el art. 13.c) LIMV señala que, a la cuantía mensual establecida en la letra b), se sumará un complemento monoparental equivalente a un 22 por ciento de la cuantía establecida en la letra a) en el supuesto de que la unidad de convivencia sea monoparental, y continúa diciendo que, a los efectos de determinar la cuantía de la prestación, se entenderá por unidad de convivencia monoparental aquélla que está constituida por un solo adulto que con-

---

135. En este sentido, confirmando que una composición distinta de la unidad de convivencia desencadena la desestimación del reconocimiento del complemento, aunque con una fundamentación jurídica inapropiada. Se puede consultar la Sentencia del Tribunal Superior de Justicia de Islas Baleares de 24 de abril de 2023 (Rec. 566/2022).

136. Cfr. El apartado 2 del art. 1 y la disposición adicional primera del R.D. 789/2022, de 27 de septiembre.

viva con uno o más descendientes hasta el segundo grado sobre los que tenga la guarda y custodia exclusiva, o que conviva con uno o más menores en régimen de acogimiento familiar permanente o guarda con fines de adopción cuando se trata del único acogedor o guardador, o cuando el otro progenitor, guardador o acogedor se encuentre ingresado en prisión o en un centro hospitalario por un período ininterrumpido igual o superior a un año[137].

Asimismo, también se considera, a los efectos técnico jurídico de la percepción del mencionado complemento una unidad de convivencia monoparental, la formada exclusivamente por una mujer que ha sufrido violencia de género, de acuerdo con la Ley Orgánica 1/2004, de 28 de diciembre, de medidas de protección integral contra la violencia de género, y uno o más descendientes hasta el segundo grado, menores de edad, sobre los que tenga la guarda y custodia o, en su caso, uno o más menores en régimen de acogimiento familiar permanente o guarda con fines de adopción.

En segundo lugar, a los efectos del reconocimiento del complemento monoparental en cuanto al debate sobre qué se debe entender por «menores de edad» para acceder al mencionado complemento, se plantea si se mantiene el derecho al complemento monoparental cuando la convivencia, además de con un descendiente menor de edad también se mantiene con otra hija, que a la fecha de la solicitud ya es mayor de edad, y, por tanto, si se debe mantener el complemento monoparental.

A favor del reconocimiento del complemento cuando la convivencia es con una descendiente mayor de 18 años, pero que mantiene dependencia económica con su progenitor. En estos caso, alguna sentencia aboga por la aplicación del artículo 7 de la Ley 8/2018 de apoyo a las familias que considera familia monoparental a aquélla que está formada por uno o más hijos o hijas menores de 21 años (25 años si cursan estudios reglados u ocupacionales, o de naturaleza análoga, o bien si cursan estudios encaminados a obtener un puesto de trabajo) o con una discapacidad superior al 33% o incapacitados para trabajar, y que dependen económicamente de una sola persona progenitora, tutora, acogedora o adoptante, con quien conviven.

Es cierto que el artículo 13 c) LIMV señala expresamente que a los efectos de determinar la cuantía de la prestación se entenderá por unidad de convivencia monoparental la constituida por un solo adulto, pero también dice que conviva con uno o más descendientes, no limitándolos a menores. Dicho precepto debe ser interpretado, a la luz de la configuración legal de la familia monoparental recogida en el artículo 7 de la Ley 8/2018 antes señalada, y en atención a la especial protección de éstas que se equiparan en ayudas y exenciones a las familias numerosas (artículo 7.7 Ley 8/2018) en el sentido de excluir el devengo

---

137. En este sentido, cfr. Sentencia de la Sala de lo Social del Tribunal Superior de Justicia de La Rioja de 7 de diciembre de 2022 (Rec. 197/2022).

del complemento en aquéllos supuestos en los que la familia monoparental forma unidad de convivencia con una persona adulta distinta a la que conforma dicha familia monoparental. Esto es, si la familia monoparental está constituida, en este caso, por la progenitora y sus dos hijas (pues consta que las dos son menores de 21 años y conforman una familia monoparental), aunque una de ellas pudiera tener la consideración de adulta (de acuerdo con la definición de niño recogida en la Convención sobre los Derechos del Niño) no podrá ésta ser considerada como tal.

En otras palabras, la exclusión del complemento monoparental en los casos de familias monoparentales sólo se debe producir cuando, además en la unidad de convivencia esté integrada otra persona adulta distinta a los hijos que integran la familia monoparental, por ejemplo, en el supuesto en el que la hija mayor superara los 21 o los 25 años (si estuviera cursando estudios). Esta interpretación, acorde a la protección de la familia como principio rector de la política social y económica, y con el compromiso fijado en la Carta Social Europea con el fomento de la protección económica, jurídica y social de la familia, en cuyo marco normativo se integró la Ley 8/2018, es la que debería prevalecer ante cualquier duda interpretativa, máxime cuando las situaciones de familias monoparentales, generalmente vinculadas a progenitores de género mujer, son situaciones diferenciales vinculadas a la desigualdad que requieren mayor protección por parte de las administraciones públicas[138].

Esta interpretación flexible acerca del entendimiento de «menores de edad», a los efectos de la determinación de una unidad de convivencia monoparental y avalada por una interpretación del derecho internacional, hasta ahora, no ha encontrado una confirmación por parte de la doctrina de los tribunales que resuelven los recursos de suplicación.

En efecto, aunque la convivencia del progenitor sea con un descendiente que mantenga dependencia económica y carezca de ingresos propios, resulta irrelevante que la Ley 8/2018, que regula la situación de familias numerosas contenga una definición diversa que compatibilice la existencia de familia monoparental con hijos o hijas menores de 21 años en cuanto no solo se trata de una norma anterior, sino que además de una norma general que no impide que, a los efectos de fijar un incremento prestacional específico, el legislador atienda con exclusividad a la existencia de menores de edad en la familia monoparental. A juicio de esta doctrina de suplicación, se afirma que no puede asimilarse la interpretación de ley —característica potestad del Poder Judicial— con derogación de la norma. Es evidente que conforme al precitado artículo 12 de la Constitución Española una persona mayor de 18 años no es menor de edad y, por ende, se descarta que se pueda acceder al complemento monoparental adu-

---

138. Citando casi literalmente la Sentencia del Juzgado de lo Social de los de Madrid núm. 42 de 21 de marzo de 2022 (Autos 39/2022).

ciendo la definición de «familia monoparental» establecida en la Ley de familia numerosas del año 2018, que no resulta aplicable a estos efectos [139].

6.2.3. Valoración final

Sin duda, las prestaciones no contributivas reguladas en el art. 363 y siguientes del RD Legislativo 8/2015, de 30 de octubre, y su concurrencia con la prestación del IMV constituye un supuesto de combinación frecuente por coincidir una característica común, esto es, carecer de una vida laboral que permita acceder a las pensiones de naturaleza contributiva.

En este sentido, es preciso resaltar que el propio legislador del IMV es conocedor de esa coexistencia entre prestaciones de la seguridad social que están desconectadas de historiales previos de cotización y que pueden originar solapamientos y duplicidades que, en algún caso, pudiera originas situaciones de hiperprotección a sus beneficiarios.

De hecho, en la propia Exposición de Motivos del RDL 20/2020 y, posteriormente, en el texto de la Ley 19/2021 se reconoce expresamente esta situación al señalar que *«con el objetivo de evitar duplicidades de cara al ciudadano y en aras de una mayor efectividad de la política, la puesta en marcha del ingreso mínimo vital exigirá también una progresiva reordenación del conjunto de ayudas estatales cuyos objetivos se solapan con los de esta nueva política».*

Tal ordenación se ha iniciado por la incorporación *del complemento de ayuda para la infancia a los beneficiarios del IMV que sustituye a la asignación económica por hijo o menor a cargo sin discapacidad o con discapacidad inferior al 33 por ciento. A partir de marzo de 2022, esto es, tres meses después de la Ley 19/2021,* será titular del complemento de ayuda para la infancia la persona que a la fecha de entrada en vigor de esta Ley fuere beneficiaria de la asignación económica por hijo o menor a cargo sin discapacidad o con discapacidad inferior al 33 por ciento [140].

En efecto, en relación con la prestación por hijo a cargo, prestación en vía de extinción tras aprobación de la normativa de IMV que ha originado el reconocimiento del IMV a aquellas unidades de convivencia que venían percibiendo prestación por hijo a cargo y, precisamente, la prestación del IMV se reconoce por «conversión» de la prestación por hijo a cargo [141].

En conclusión, con adhesión a lo afirmado por la doctrina conocedora de la cuestión, *«el IMV se ha iniciado un complejo —pero, indudablemente, nece-*

---

139. Cfr. STSJ de la Comunidad de Madrid de 16 de noviembre de 2022 (Rec. 787/2022).
140. Cfr. Disposición adicional décima de la Ley 19/2021, de 20 de diciembre.
141. Cf. Sentencia de la Sala de lo Socia del Tribunal Superior de Justicia de la Comunidad de Madrid de 31 de marzo de 2022 (Rec. 780/2021).

sario— proceso de reorganización de las prestaciones no contributivas estatales que tardará años en finalizar[142]*».*

7. UN TRATAMIENTO EXCEPCIONAL EN LAS AYUDAS A VÍCTIMA DE DELITOS SEXUALES Y VÍCTIMAS DE LA VIOLENCIA DE GENERO

Aquel brocardo jurídico medieval expresado en latín por ser la lengua culta de la época, cuyo significado es *«si existe una excepción, debe existir una regla para la que se aplica dicha excepción»*[143], se puede traer como axioma que, precisamente, viene a confirmar la existencia de una imposibilidad de disfrutar simultáneamente de dos pensiones del sistema de la Seguridad Social. Seguramente, por aplicación de un ya debilitado principio de «pensión única» contenido en el art. 163 LGSS 2015.

En este sentido, en primer lugar, en la Ley Orgánica 10/2022, de 6 de septiembre, de garantía integral de la libertad sexual en su art. 41, se ha establecido una serie de ayudas específicamente dirigidas a proteger a las víctimas de delitos contra la libertad sexual, que asegura que se aprobarán por Real Decreto el procedimiento de concesión de estas ayudas, financiadas con cargo a los Presupuestos Generales del Estado[144].

Tales ayudas, se afirma en la mencionada Ley Orgánica, serán compatibles con la percepción de las indemnizaciones acordadas por sentencia judicial, o, alternativamente, con cualquiera de las ayudas previstas en la Ley 35/1995, de 11 de diciembre, de ayudas y asistencia a las víctimas de delitos violentos y contra la libertad sexual. Igualmente, serán compatibles con las ayudas previstas en el Real Decreto 1369/2006, de 24 de noviembre, por el que se regula el programa de renta activa de inserción para desempleados con especiales necesidades económicas y dificultad para encontrar empleo y, de modo específico, con las ayudas establecidas en la Ley 19/2021, de 20 de diciembre, por la que se

---

142. Cfr. MARTÍN-POZUELO LÓPEZ, A.; SALA FRANCO, T.: *«El ingreso mínimo vital. El sistema español de Rentas»*, en página electrónica de Tirantonline.com, (TOL7.997.813), parágrafo 102.

143. Se atribuye este brocardo a Marco Tulio Cicerón (106-43 a. C.) cuya traducción literal sería «la excepción prueba la regla en casos no exceptuados». Cfr. BALOIRA VILLAR, A.; NÚÑEZ FERNÁNDEZ, M.: *«La excepción no confirma la regla: lecciones de física»*. Arch Bronconeumol, 51 (2015), pp. 161-162.

144. Proyecto de Real Decreto, en fase de alegaciones, a cargo del Ministerio de Igualdad que no ha finalizado su tramitación orgánica. El texto del mismo se puede consultar en la siguiente página electrónica https://www.igualdad.gob.es/servicios/participacion/audienciapublica/Documents/RD%20ayudas%20art%C3%ADculo%2041%20para%20audiencia%20e%20informaci%C3%B3n%20p%C3%BAblica.pdf (Visitada el 30 de septiembre de 2023).

establece el ingreso mínimo vital, y con la percepción de las ayudas que establezcan las comunidades autónomas en este ámbito material[145].

145. En relación con las víctimas de violencia de género, se adopta un criterio interpretativo especial para facilitar el acceso a la prestación. En este caso, en cuanto a la exigencia de residencia legal en España de los menores: «...*al tratarse de hijos dependientes de la solicitante que acredita ser residente en España desde 2016, no se exige la acreditación del requisito de residencia legal, puesto que, además, es víctima de violencia de género. Con la protección adicional de personas vulnerables por razones económicas y de la violencia de género sufrida por la solicitante que obliga a una interpretación menos restrictiva en cuanto al cumplimiento del requisito exigible (arts. 1 y 2.e) y k), y concordantes de la Ley Orgánica 1/2004, de 28 de diciembre, de medidas de protección integral de víctimas de violencia de género).Siendo indudable desde años antes de la solicitud que tales menores son convivientes y dependientes de la solicitante. No solo el hijo nacido de residente en 2019, en España, que tiene tal condición de residente legal formal.*» Cfr. Sentencia del Tribunal Superior de Justicia de Cantabria de 20 de octubre de 2023 (Rec. 520/2023).

La relación entre el IMV y las rentas mínimas de las comunidades autónomas: una relación compleja y suplementaria

1. CUESTIONES GENERALES

Como ya se ha tenido la oportunidad de señalar con anterioridad, la aparición del ingreso mínimo vital, como una prestación de la seguridad social de carácter no contributivo, responde a una «concepción evolutiva» del propio sistema de la Seguridad Social y de la «libertad de configuración» del legislador ordinario para moldear el conjunto de la acción protectora del sistema de seguridad social, tal y como fue enunciado por el legislador constituyente en el art. 41 CE[146], según cuál sea la contingencia que haga aconsejable una actuación decidida del

---

146.   Expresiones literales sobre el sistema de Seguridad Social con cita de la sentencia del Tribunal Constitucional STC 133/2019, de 13 de noviembre, FJ 4 en relación con otra prestación

Estado para garantizar ciertos principios de política social ínsitos en el texto constitucional y exista recursos financieros para hacer frente a esa contingencia.

En ocasiones, estas intervenciones se instrumentalizan desde el ámbito competencial de la Seguridad Social (art. 149.1.17 CE) y, en otras, cuando se pretende corregir la contingencia derivada de la vulnerabilidad económica que no traiga causa de contingencias ya protegidas por el sistema profesional del sistema de la seguridad social, se opta por el título competencial de la asistencia social. En relación con estas últimas actuaciones, *a priori*, los poderes públicos a los que se encomienda el ejercicio de estas políticas sociales son las Comunidades Autónoma mediante el titulo competencia de la asistencia social (art. 148.1.20 CE).

Aunque en la mayoría de las ocasiones puede ser sencillo discernir uno y otro tipo de actuaciones, no se oculta que no es una relación pacífica, sino que está jalonada de periódicos conflictos de competencias o recursos de inconstitucionalidad.

En cuanto a las relaciones que rige al IMV con las rentas mínimas de las Comunidades Autónomas, desde luego, el legislador estatal ha optado por la posibilidad de que las rentas mínimas se acumulen a las cuantías reconocidas en concepto de IMV, dando pie a comportarse la prestación del ingreso mínimo vital como un suplemento de tales rentas autonómicas[147].

Cuestión distinta es la reacción normativa, que de hecho se ha producido, en cada una de las Ciudades y Comunidades Autónomas que ya tenían reconocida su propia renta mínima, cualquiera que sea su denominación, y que la aprobación del IMV, en el legítimo ejercicio de sus propias competencias, ha modificado aspectos sustanciales de la prestación ante la segura acumulación en el disfrute de ambos tipos de renta y, por tanto, algunas de estas comunidades autónomas ya no desean que persista una relación suplementaria entre el IMV y la correspondiente renta autonómica y, por tanto, se ha optado por una modificación de la norma autonómica que regulaba la renta mínima, tomando en consideración la cuantía percibida en concepto de IMV y, en atención a dicha cuantía, condicionar el acceso y la cuantía a percibir en concepto de renta mínima auto-

---

no contributiva, el subsidio extraordinario, en la Sentencia del Tribunal Constitucional 158/2021, de 16 de septiembre de 2021 que, como se sabe, resolvió el conflicto de competencias planteado por la Generalitat de Cataluña a propósito de la aprobación del Real Decreto-Ley 20/2020, de 29 de mayo, por el que se establece el ingreso mínimo vital.

147. Con muy buen criterio, la doctrina que ha estudiado esta prestación no duda en afirmar *«que el IMV se haya configurado a la postre como una especie de "plus estatal" de protección respecto de lo que ya se proporcionaba a la población a través de las pertinentes previsiones autonómicas, y que el propio legislador haya abierto vías de considerable holgura para la intervención gestora de las comunidades autónomas»*. Cfr. GARCÍA MURCIA J.: «*El ingreso mínimo vital en España: caracterización general y algunos puntos críticos*», en El ingreso mínimo vital en el sistema español de protección social. Op. cit., pág. 40.

nómica. En corto, numerosas normas de rentas mínimas autonómicas han pretendido revertir el plus del ingreso mínimo vital convirtiendo la renta autonómica en el plus adicional, una vez reconocida la prestación estatal.

En definitiva, en algunas comunidades autónomas, se ha adaptado la regulación de la renta mínima autonómica a la nueva regulación propiciada por la entrada en vigor de la prestación estatal del ingreso mínimo vital y la variada tipología y regulación ha invertido la relación inicial que mantenía la renta autonómica con la normativa estatal sobre el IMV[148]. En cambio, otros territorios han mantenido inalterada la regulación de la renta mínima sin que la nueva regulación del IMV se haya visto modificada.

2. SIGNIFICADO DE LA «RELACIÓN SUPLEMENTARIA» ENTRE EL IMV Y LAS RENTAS MÍNIMAS DE LAS COMUNIDADES AUTÓNOMAS

Desde luego, el Legislador de la normativa estatal que aprueba una normativa reguladora del IMV decidió qué tipo de relación habría de mantener el IMV con el resto de prestaciones y, específicamente, con las rentas mínimas autonómicas. Entre el amplio abanico de opciones que disponía, optó por aquélla que el IMV sólo viene a mejorar la posición jurídica del beneficiario de las rentas mínimas. La normativa estatal se convierte en un mínimo indisponible y el resto de rentas mínimas, en su caso, sólo pueden mejorar la cantidad percibida por el beneficiario del IMV[149].

En relación con estas prestaciones de «rentas mínimas autonómicas», derivadas del título competencial atribuido a las Comunidades Autónomas y denominado «asistencia social», la regulación del IMV permite distinguir dos posibles redacciones y diferentes técnicas jurídicas en las que se manifiesta, sin margen de duda, que el legislador del IMV pretende que esta prestación no contributiva de la seguridad social despliegue su acción protectora con absoluta «indiferencia» respecto de las cuantías ya reconocidas en concepto de renta mínima autonómica.

---

148. Aportaciones relevantes sobre esta cuestión se pueden consultar en CASTRO ARGÜELLES, M.A.: *«Ingreso mínimo vital y rentas mínimas autonómicas»*, en El ingreso mínimo vital en el sistema español de protección social. Oviedo, (Joaquín García Murcia-editor KRK Laboral), 2022, págs. 350-367. Incorporando un análisis exhaustivo y particularizado de las rentas mínimas autonómicas, cfr. GARCÍA GIL, M. B.: *«Compatibilidad e incompatibilidad de la prestación»*, En el Libro Ingreso mínimo vital, (Coord. A.V. Sempere Navarro y M.B. García Gil), Cizur Menor-Navarra, (Thomson Reuters), 2021, págs. 148-169.

149. La utilización del término «suplementaria» se emplea para expresar un determinado tipo de relación entre dos fuentes del derecho en el que una de ellas garantiza un nivel mínimo de derecho que resulta inderogable e irrenunciable proviene de MARTÍN VALVERDE, A.: *«Concurrencia y articulación de normas laborales»*. RPS, núm. 119, 1978, págs. 12 y ss., en cita prestada de GARCÍA-PERROTE ESCARTÍN, I.: *«Ley y Autonomía Colectiva. Un estudio sobre las relaciones entre la norma estatal y el convenio colectivo»*, Madrid, (Ministerio de Trabajo), 1987, págs. 173 y ss.

En efecto, tras la aprobación del RD Ley 20/2020, de 29 de mayo, en tres preceptos del mismo, en concreto, en el art. 7.1.c), en el art. 8.2.2. RDLIMV y en el art. 18.1.e) RDLIMV establecían, a los efectos de los requisitos de acceso al IMV, que «*En todo caso, quedan exceptuados los salarios sociales, rentas mínimas de inserción o ayudas análogas de asistencia social concedidas por las comunidades autónomas*», esto es, la entidad de gestora, a la hora de computar la totalidad de los ingresos de la unidad de convivencia, no tendría en consideración, aunque los hubiere, las cuantías reconocidas en concepto de rentas mínimas o ayudas análogas procedentes de la política social planeada por una comunidad autónoma.

En el mismo sentido, la regulación vigente, aunque con otra técnica jurídica que se comentará más adelante, en concreto, el art. 20.1.f). 1º LIMV exceptúa del cómputo como «renta», siguiendo la definición que efectúa la Ley del Impuesto de la Renta de las Personas Físicas, a las cuantías percibidas por los titulares o beneficiarios del IMV procedentes de rentas mínimas de las comunidades autónomas.

En definitiva, la «indiferencia» que trasluce el legislador del IMV por la cuantía reconocida de las rentas mínimas se traduce en que la prestación de IMV suplementará o mejorará, en todo caso, la situación patrimonial de los perceptores de las rentas mínimas anteriormente reconocidas por la sencilla razón que el legislador estatal ha optado por no tomar en consideración, ni para el nacimiento, ni para la revisión del ingreso mínimo vital la cuantía de lo percibido en concepto de renta mínima autonómica.

Dicho en otras palabras, la relación suplementaria entre la norma estatal y la norma autonómica significa que la norma estatal, la que regula el IMV, por una parte, se convierte en una norma mínima e inderogable y, por otra, el reconocimiento de la prestación estatal sólo puede acumular o mejorar la posición patrimonial del beneficiario de la renta autonómica mediante tras el reconocimiento del IMV por parte de la Entidad Gestora estatal o foral. Ello en consonancia con el contenido de la exposición de motivos de la Ley 19/2021, de 20 de diciembre que sin margen de duda califica al IMV como una «prestación suelo». Así también ha sido calificado por la doctrina que ha estudiado esta cuestión[150].

Cuestión distinta, será la distinta reacción que puede tener cada uno de los legisladores autonómicos ante la aparición del IMV y la posible revisión de con-

---

150. Por eso, ya se ha afirmado con muy buen criterio que «*Aunque con la tímidamente declarada aspiración de que el ingreso mínimo vital constituya la prestación básica al respecto y de que, en consecuencia, sus equivalentes autonómicos se configuren hacia una complementariedad o suplementariedad…*». Cfr. GONZÁLEZ DEL REY RODRÍGUEZ, I.: «*Ingreso mínimo vital y prestaciones del sistema para la autonomía y atención a la dependencia*», en El ingreso mínimo vital en el sistema español de protección social. Oviedo, (Joaquín García Murcia-editor KRK Laboral), 2022, pág. 500.

diciones de acceso y mantenimiento de la renta mínima tras la entrada en vigor del IMV, especialmente, si es capaz de resistir la tentación de reducir su gasto público, invirtiendo los términos de la relación con el ingreso mínimo vital, esto es, que ante la solicitud o revisión de la renta autonómica se compute los ingresos procedentes del IMV o resulte ser imperativo la solicitud de la prestación estatal, con carácter previo al reconocimiento de la prestación autonómica.

En mi opinión, esa reacción del legislador autonómico que, de hecho, ya se ha efectuado por algunas comunidades autónomas tras la aprobación del IMV[151], confirma la existencia de una relación de suplementaria entre el IMV y las rentas mínimas.

3. LAS PREVISIONES LEGALES ACERCA DEL IMV Y SU INTERACCIÓN CON LAS RENTAS MÍNIMAS AUTONÓMICAS

3.1. UNA APUESTA INICIAL EN EL RDL 20/2020, DE 29 DE MAYO

Desde luego, el Real Decreto-Ley inicial del IMV mantenía una apuesta clara acerca del tipo de relación que debía establecerse entre esta prestación estatal con las rentas mínimas autonómicas, relación que se traducía en que el IMV suplementaba o incrementaba la cuantía que ya se percibía en concepto de renta mínima autonómica, dado que su intencionalidad, sin margen de duda, consistía en que la cuantía percibida en concepto de renta mínima autonómica se considerara renta exenta, esto es, la norma legal efectuaba una ficción legal en el sentido de que tales ingresos o rentas se consideraban inexistentes, a los efectos de proceder al reconocimiento y la determinación de la cuantía del IMV, dando margen al reconocimiento de la prestación del ingreso mínimo vital en una cuantía más elevada.

A tal fin, esto es, a los efectos de acreditar la contingencia de vulnerabilidad económica la regulación originaría del IMV afirmaba que no computarán los ingresos originados por «*los salarios sociales, las rentas mínimas de inserción o ayudas análogas de asistencia social concedidas por las Comunidades Autónomas*» (arts. 8.2 y 18.1.e.1 del RDLIMV). Con esa configuración, era posible que un perceptor o una unidad de convivencia de la renta mínima autonómica fuera, a la vez, perceptor de la cuantía máxima posible del IMV de manera acumulativa.

---

151. Véase como así acontece en el supuesto de la Renta de Garantía de Ingresos Mínimos de la Comunidad Valenciana, en la página electrónica que configura el procedimiento administrativo https://www.gva.es/es/inicio/procedimientos?id_proc=19154; o las modificaciones efectuadas en la denominada Renta Social Garantizada de las Islas Baleares, se puede consultar sus condiciones en la página electrónica https://www.caib.es/seucaib/es/tramites/tramite/2615446/. En ambas regiones, se toma en consideración o se obliga a solicitar el IMV con anterioridad al reconocimiento de la correspondiente renta mínima autonómica, incluso se solicita el consentimiento, cuestión prevista en la LIMV para que sea la propia comunidad autónoma quién solicite, en nombre del beneficiario, la prestación del IMV (Art. 32 de la Ley 19/2021, de 28 de diciembre).

Este posible escenario ha llevado, a algún sector doctrinal, a pensar que el RDLIMV, en realidad, invitaba a las comunidades autónomas a repensar sus modelos de rentas mínimas para corregir sus solapamientos e insuficiencias de acción protectora respecto de la prestación estatal del IMV[152].

A pesar de esta generosa propuesta inicial, lo cierto es que los contenidos de ambos preceptos citados del Real Decreto Ley, esto es, tanto su art. 8.2 como su art. 18.1.e.1, no superaron la tramitación parlamentaria en su misma ubicación sistemática, ni tampoco en sus contenidos. En efecto, por un lado, el art. 8.2 RDLIMV se suprimió durante tramitación parlamentaria y, por otra parte, el contenido del art. 18.1.e) RDLIMV se convirtió en el nuevo art. 20.1.f) LIMV, manteniendo el mismo contenido y tenor literal, precepto este último que, a propósito de la determinación de las reglas de cómputo de ingresos y patrimonio para el reconocimiento del IMV, exceptúa del cómputo de rentas, para determinar la situación de vulnerabilidad económica, una serie de rentas e ingresos que, a los efectos del impuesto de la renta de las personas físicas, se consideran rentas exentas según la Ley 35/2006 del IRPF y, como se puede comprobar, la Ley del ingreso mínimo vital adopta ese mismo criterio y lo extiende a los efectos de los requisitos económicos exigidos para acceder al IMV. Precisamente, entre esas rentas exentas en la ley del Impuesto sobre la renta de las Personas Físicas, se cita expresamente las ayudas para la dependencia y, aquí está lo más relevante, también las rentas mínimas procedentes de las comunidades autónomas.

En efecto, en el apartado y) del art. 7 de la Ley 35/2006, de 28 de noviembre, se exceptúa del cómputo de rentas un listado de variada tipología de rentas que la regulación del IRPF considera rentas exentas. Entre ese litado de rentas exentas se encuentra, precisamente, las procedentes del IMV y las rentas mínimas autonómicas dando a entender que su no consideración como ingreso del ejercicio trae causa de una norma de carácter tributario que las considera como renta fiscal exenta[153].

3.2. PROPUESTAS DE ARTICULACIÓN DE COMPETENCIAS, DELEGACIÓN DE COMPETENCIAS Y LA COGOBERNANZA

Ante este a complejo panorama de deslinde de competencias entre las administraciones territoriales ante la contingencia derivada de las situaciones de vulnerabilidad económica y exclusión social, seguramente, con fundamento en esa búsqueda de la condiciones de igualdad entre todos los españoles, junto a la

---

152. Cfr. SALA FRANCO, T.; MARTÍN-POZUELO LÓPEZ, A.: «*El ingreso mínimo vital. El sistema español de Rentas*», en página electrónica de Tirantonline.com, (TOL7.997.813), parágrafo 103.

153. Este precepto establece: «*y) La prestación de la Seguridad Social del Ingreso Mínimo Vital, las prestaciones económicas establecidas por las Comunidades Autónomas en concepto de renta*

tupida red de rentas mínimas autonómicas, se suma la decidida intervención de la normativa estatal aprobando, en un contexto de pandemia, el Real Decreto Ley 20/2020, de 29 de mayo, una prestación no contributiva, denominada ingreso mínimo vital que, desde luego, construye un auténtico derecho subjetivo, en ejercicio de las competencias de seguridad social (art. 149.1.17 CE) que, también, se suma a paliar los riesgos de la exclusión social derivada de una situación de vulnerabilidad económica de los titulares o de los beneficiarios de la correspondiente unidad de convivencia, del mismo modo y con la misma finalidad como también asevera las normativas autonómicas que aprueba sus rentas autonómicas [154].

Por ello, no es extraño que con motivo de la entrada en vigor del IMV alguna Comunidad Autónoma entablara un recurso de inconstitucionalidad al entender que el RDLIMV invadía sus competencias reconocidas en el texto de la Constitución española y en el Estatuto de Autonomía de Cataluña [155]. A resultas de dicho recurso, se ha dictado la Sentencia del TCO 158/2021, de 16 de septiembre [156], sentencia que desestima las pretensiones del recurrente en el mencionado recurso de inconstitucionalidad 1140/2021 en relación con la norma que aprueba el ingreso mínimo vital y, a mi parecer, con buen criterio no se hace eco de la invitación a una posible cogobernanza, que defectuosamente incorpora

---

mínima de inserción para garantizar recursos económicos de subsistencia a las personas que carezcan de ellos, así como las demás ayudas establecidas por estas o por entidades locales para atender, con arreglo a su normativa, a colectivos en riesgo de exclusión social, situaciones de emergencia social, necesidades habitacionales de personas sin recursos o necesidades de alimentación, escolarización y demás necesidades básicas de menores o personas con discapacidad cuando ellos y las personas a su cargo, carezcan de medios económicos suficientes, hasta un importe máximo anual conjunto de 1,5 veces el indicador público de rentas de efectos múltiples. Asimismo, estarán exentas las ayudas concedidas a las víctimas de delitos violentos a que se refiere la Ley 35/1995, de 11 de diciembre, de ayudas y asistencia a las víctimas de delitos violentos y contra la libertad sexual, y las ayudas previstas en la Ley Orgánica 1/2004, de 28 de diciembre, de Medidas de Protección Integral contra la Violencia de Género, y demás ayudas públicas satisfechas a víctimas de violencia de género por tal condición».

154. En este sentido, se ha afirmado por quien se ha aproximado al estudio de estas rentas mínimas autonómicas que «*...todas las comunidades autónomas vienen contando, desde hace años, con algún programa de renta mínima con el que proporcionar una última red de protección a las personas en situación de pobreza y riesgo de exclusión social*», cfr. CASTRO ARGÜELLES, M.A.: «*Ingreso mínimo vital y rentas mínimas autonómicas*», en El ingreso mínimo vital en el sistema español de protección social. Oviedo, (Joaquín García Murcia-editor KRK Laboral), 2022, pág. 328.

155. Una propuesta doctrinal por aclarar esta cuestión se puede consultar en CABERO MORÁN, E.: «*El marco normativo del ingreso mínimo vital dieciocho meses después*». Trabajo y Derecho, Nº 84, Sección Legislación / Observatorio temático de legislación, diciembre 2021, pág. 5-6, LA LEY 12543/2021.

156. Recurso de inconstitucionalidad núm. 1140-2021. Interpuesto por el Gobierno de Cataluña en relación con diversos preceptos del Real Decreto-ley 20/2020, de 29 de mayo, por el que se establece el ingreso mínimo vital, recurso dirigido a delimitar competencias sobre asistencia social y Seguridad Social entre esa comunidad autónoma y el Estado. La sentencia declaró la constitucionalidad de los preceptos legales que atribuyen al Estado la gestión del ingreso mínimo vital e incorpora un voto particular.

como técnica de gobierno en la exposición de motivos del Real Decreto Ley 20/2020, que es reiterada en la Ley 19/2021, de 20 de diciembre. Cogobernanza que carece de base jurídica constitucional expresa, descartando que pueda dar pie a una nueva tipología de competencias guiadas por esa modalidad pragmática de gobierno, al menos mientras no se efectúe una modificación del reparto de competencias establecidas en el Título VIII del Texto Constitucional. Todo ello, sin perjuicio de que se haya publicitado como una *praxis* del modo de gestión entre Gobierno de la Nación y los Gobiernos de las instituciones autonómicas que actúa a modo de delegación de competencias estatales que se «delegan» a los órganos de gobierno autonómicos y que ha sido empleado durante unas circunstancias extraordinarias derivadas de una pandemia y, por ello, a mi parecer, no resultaría ser una técnica apropiada para extenderse en materia de IMV, en unos tiempos de pleno ejercicio de derechos fundamentales, sin restricciones derivadas de estados excepcionales[157].

Seguramente, la incorporación de la cogobernanza a discurso del IMV tiene como significado apropiado que el modelo de gobernanza compartida que se prefigura en la exposición de motivos de las dos normas sucesivas sobre el IMV persigue un doble objetivo. Por un lado, lograr un despliegue más efectivo de la política de cara al ciudadano. La evaluación de los programas de sostenimiento de rentas en otros contextos ha identificado como uno de los problemas recurrentes el hecho de que muchos de sus potenciales beneficiarios acaban no accediendo a ellos, bien por la complejidad de los procedimientos, la naturaleza de los colectivos a los que va dirigido, o una combinación de estos factores. La implicación de comunidades autónomas y entidades locales, con especial protagonismo de los servicios sociales, junto al papel del tercer sector, busca maximizar la capilaridad institucional para llegar por diferentes canales a todos los posibles solicitantes, con el objeto de minimizar los problemas de acceso a la política pública.

En segundo lugar, la implicación de comunidades autónomas y entidades locales en el despliegue de esta política social persigue consolidar la necesaria implicación de todas las instituciones en el compromiso común de lucha contra

---

157.　Cfr. Sobre la delegación de competencias del Gobierno estatal a los autonómicos durante el periodo de Estado de Alarma, afirmando que «*el Gobierno de la Nación, con fundamento en el art. 116.2 de nuestra Constitución y en los arts. 4 y ss de la LO 4/1981, de 1 de junio*». Cfr. CERDEIRA BRAVO DE MANSILLA, G.: «*Estado de Alarma ante el Covid-19 y "Cogobernanza" estatal y autonómica: legitimidad y alcance de la delegación potestativa*». Diario La Ley, Nº 9736, 2020, LA LEY *13433/2020, en página electrónica* https://laleydigital.laley-next.es/Content/Documento.aspx?params
En relación con la búsqueda de espacios competenciales para las comunidades durante la declaración del estado de alarma y la crisis sanitaria del COVID-19 y el impulso de la «cogobernabilidad» con las Comunidades Autónomas. Se puede consultar el completo trabajo de BOIX PALOP, A.: «*Impacto sobre la normalidad competencial de las situaciones excepcionales. Centralización y coordinación extraordinarias frente a intensificación de las técnicas cooperativas y de colaboración*». Revista General de Derecho Administrativo, núm. 61, 2022, epígrafe 2.3 del artículo en la página electrónica de la editorial iustel.com

la pobreza y las desigualdades en todo el territorio, engarzando el legítimo ejercicio del autogobierno en el ámbito de las políticas sociales de las comunidades autónomas con la provisión colectiva. Existe una incomunicación recíproca entre la acción protectora de las dos Administraciones que, en numerosos casos, origina una distribución irregular de estas ayudas y que, con criterios técnicos, debería corregirse para incrementar las prestaciones a existentes o reconocer otras nuevas.

En relación con las regulaciones preexistentes de las rentas mínimas autonómicas, es indudable el impacto propiciado por la entrada en vigor de la regulación sobre el IMV. Desde luego, numerosas Comunidades Autónomas han efectuados diversas modificaciones de las condiciones de acceso y del contenido de la prestación de su respectiva renta mínima, precisamente, con ocasión de la entrada en vigor del IMV, aunque con una desordenada variedad de criterios, dentro del ejercicio de su ámbito competencial en materia de asistencia social[158].

De forma sucinta, la posición que sostiene actualmente el delicado equilibrio de la argumentación se refleja en la sentencia del Tribunal Constitucional 158/2021, que se debe complementar en relación con las Comunidades Forales con la sentencia STCO 19/2024[159], sentencias que se ha confirmado todo el cuerpo de doctrina ya existente sobre la interpretación de los artículos 148.1.20 y 149.1.17, ambos de la Constitución española, que se traduce en los siguientes aspectos.

---

158. El sentido de las regulaciones autonómicas es muy difícil de sistematizar dada la distinta respuesta de cada comunidad autónoma según sus propias circunstancias relacionadas con los problemas derivados de la exclusión social y las sucesivas autocorrecciones que han efectuado en el propio ordenamiento autonómico. A título de ejemplo, en el caso de las Islas Baleares, la aprobación del IMV se respondió con el Decreto Ley 10/2020, de 12 de junio que en su exposición de motivos expresamente afirmaba lo siguiente: «*Este Decreto ley permite actualizar la renta social garantizada y hacerla incompatible con el ingreso mínimo vital, dedicándola a la población con dificultades económicas presentes. Y también mantener el complemento a las pensiones no contributivas hasta el máximo legal posible, mediante una línea de prestaciones de derecho subjetivo que complemente estas pensiones así como determinados perfiles del ingreso mínimo vital*», A esta norma ya derogada, le sucedió el Decreto ley 7/2022, de 11-7-2022 (BOE de 20/09/2022), de prestaciones sociales de carácter económica de las Illes Balears que abandona la expresión «incompatibilidad con el IMV» y opta por otras técnicas como la coordinación. En este sentido, la puesta en marcha del ingreso mínimo vital (IMV), prestación social de carácter económico de carácter estatal, gestionada por el Instituto Nacional de la Seguridad Social (actualmente en Ley 19/2021, de 21 de diciembre, por la que se establece el ingreso mínimo vital) de forma que la renta autonómica se convierte en <u>una prestación con carácter subsidiario</u> de la estatal, aunque la norma que regula al IMV de forma incorrecta pues aún se refiere al Decreto Ley 20/2020, de 29 de mayo. Sobre un tratamiento doctrinal a esta cuestión se puede consultar CASTRO ARGÜELLES, M.A.: «*Ingreso mínimo vital y rentas mínimas autonómicas*», op. cit., pág. 350 y ss.
159. Sentencias ya comentadas en el Capítulo II de este trabajo.

Por una parte, en la primera de las sentencias anunciadas del Tribunal Constitucional, se ha afirmado con acierto que las rentas mínimas autonómicas pueden y han de permanecer junto al IMV, sin el menor reproche jurídico, en régimen coexistencia, por la distinta naturaleza jurídica del título competencial, una vez ha entrado en vigor la prestación del ingreso mínimo vital que es una prestación establecida por el Estado con las rentas mínimas autonómicas preexistentes. Por otra, es una cuestión no controvertida que esas rentas mínimas autonómicas actúan de forma complementaria al sistema universal, previsto para todo el territorio nacional para garantizar el igual acceso de toda la ciudadanía a ese montante económico mínimo, que se considera imprescindible para superar condiciones de pobreza severa[160].

3.3. LA PROMOCIÓN EN LA LEY ESTATAL DE LA RELACIÓN SUPLEMENTARIA DEL IMV RESPECTO DE LAS RENTAS AUTONÓMICAS

En la normativa vigente, una vez tramitado el Real Decreto Ley como Proyecto de Ley en las Cortes Generales, a propósito del tratamiento que la regulación del IMV brinda a las rentas mínimas autonómicas, el art. 20.1.f) LIMV reproduce la misma técnica que la contenida en el derogado Real Decreto-Ley 20/2020, esto es, extiende la exención de las rentas mínimas autonómicas a los efectos de determinar el umbral de renta protegible, con la singularidad de que el fundamento jurídico de dicha exención es una normativa fiscal, esto es, a la regulación del impuesto sobre la renta de las personas físicas, en concreto, el art. 20.1.f) LIMV, normativa fiscal que regula los conceptos computables y no computables de renta y patrimonio del año anterior de los solicitantes del IMV para determinar si se encuentra, o no, en el umbral de renta protegible.

De este modo, de forma expresa, el legislador estatal promueve que aquellos ciudadanos que ya fueran beneficiarios de cualquiera de las rentas mínimas autonómicas accedan, sin rebaja alguna, a la prestación del IMV pues los ingresos que aquéllas les proporcionan, con toda seguridad, no detraerán cuantía alguna de la prestación estatal del IMV que, en su caso, sea reconocida. Lógicamente, todo ello sin perjuicio de que otros ingresos o patrimonio, ajenos a las rentas mínimas autonómicas, en los supuestos de acceso al IMV, sí ajusten a la baja la cuantía de esa prestación.

Desde esta perspectiva, el legislador estatal, con fundamento legal de una norma de naturaleza tributaria, pretende que el IMV se relacione con la normativa que regula las rentas autonómicas de modo que la prestación estatal se acumule a la cuantía ya reconocida procedente de las rentas mínimas autonómicas y, por tanto, aunque se trata de un mero hecho numérico y economicista,

---

160. Cfr. Voto particular de la Excma. Sra. Dª Mercedes López Balaguer de la STCO 158/21, de 16 de septiembre de 2021.

en realidad, desvela un método de integración de una prestación estatal de seguridad social en un entramado normativo dominado por las normas de origen autonómico correspondiente a la «asistencia social».

En corto, la configuración de las normas estatales en relación con las rentas mínimas autonómicas pretende que el IMV se acumule a otras prestaciones procedentes de la asistencia social y, por tanto, que el beneficiario disponga de un abanico de prestaciones que le proporcione una renta suficiente para evitar y corregir situaciones de exclusión social y, desde luego, no existe juego alguno de cláusulas de absorción y compensación respecto de la cuantía de las prestaciones procedentes de una renta autonómica.

3.4. RECONSIDERACIÓN DE LA REGULACIÓN DE LAS RENTAS AUTONÓMICAS ANTE LA APARICIÓN DEL IMV

Cuestión distinta será la respuesta que cada comunidad autónoma ofrezca a la reciente implantación del IMV, esto es, si va a permitir la acumulación del IMV a la correspondiente renta mínima autonómica o va a emprender una revisión de la normativa que regula la renta autonómica, a la vista de que el beneficiario perceptor de dicha renta acumule, o no, la procedente del Estado. Con seguridad, se puede afirmar que el reconocimiento de una IMV ni aumenta ni disminuye las cantidades anteriormente reconocidas en concepto de renta mínima autonómica.

Desde una perspectiva de respeto al ejercicio de las competencias autonómicas reconocidas en el art. 148.1.20 de la Constitución española de 1978, el Estado ha mantenido un exquisito respeto en cuanto a la efectividad del ejercicio de las competencias autonómicas en materia de asistencia social, que se han manifestado por la regulación de las «rentas mínimas», impidiendo que la aparición de IMV interfiriera en el contenido de las políticas sociales diseñadas en el ámbito autonómico y, desde luego, ha impedido que la legislación estatal sobre el ingreso mínimo vital forzara modificaciones legislativas por esta nueva prestación estatal.

En cambio, a pesar de la inexistencia de un fundamento técnico jurídico que les forzara a ello pues, como se ha visto anteriormente, se han calificado como rentas exentas las rentas autonómicas y, por tanto, favoreciendo la acumulación de ambas prestaciones, han sido numerosos los parlamentos de las comunidades autónomas que han emprendido modificaciones legislativas orientadas a revisar a la baja los requisitos y el contenido de la acción protectora de sus respectivas rentas mínimas tras la entrada en vigor de la «novedosa» prestación estatal[161]. En otras ocasiones, a pesar de la entrada en vigor del IMV, la regulación de la

---

161. Sin vocación exhaustiva, en este sentido, el Decreto Ley 4/2022, de 24 de septiembre, por la que se regula la Prestación Canaria de Inserción para su adaptación al Ingreso Mínimo

Comunidad Autónoma no ha padecido modificación alguna y, por tanto, es preciso efectuar una labor interpretativa para comprobar si las previsiones que contiene el régimen jurídico de la prestación autonómica respecto a otras prestaciones de la seguridad social preexistentes a la renta autonómica se pueden aplicar, también, a prestación del IMV[162].

Por todo ello, en un actualizado y completo estudio de todos y cada una de las rentas autonómicas, con un apartado particular reservado a las relaciones que cada renta mínima mantiene con el ingreso mínimo vital, refleja que el tipo de relación más usual se caracteriza por el hecho de que las comunidades autónomas, por un lado, ya establecieron que el acceso a la renta autonómica exigía acreditar la solicitud de otras prestaciones públicas, y, por otra parte, a raíz de la aprobación de la normativa estatal del IMV, algunas comunidades autónomas han modificado la regulación autonómica en el sentido de que el IMV se considera prestación «principal» y la «renta mínima» se autoconfigura como una prestación subsidiaria, incluso incorporando al cómputo de rentas las que proceden del reconocimiento del IMV, condicionando el reconocimiento y, desde luego, la disminución de la cuantía reconocida en la prestación autonómica[163]. De alguna manera, la pérdida de centralidad ha sido impulsada en la regulación de numerosas rentas autonómicas para el reconocimiento o la determinación de la cuantía de la renta autonómica se exige que se haya solicitado previamente el ingreso mínimo vital estatal desencadenando, en el supuesto de incumplimiento de este mandato formal, la finalización o extinción de la correspondiente renta autonómica[164].

Como demostración de la tendencia expuesta anteriormente, del análisis del Decreto Ley 5/2020, de 29 de junio de la comunidad autónoma de Aragón puede concluir que la renta autonómica se contrae, como si fuera una renta excepcional, una vez se aprueba el IMV estatal aprobado en el RDL 20/2020, de 29 de mayo afirmando que *en el sistema de garantía de ingresos en España existe dos redes paralelas de prestaciones asistenciales. Se trata, por una parte, de las rentas mínimas autonómicas (RMA) y, por otra, del sistema vinculado a la Administra-*

Vital (LCAN 2020\400) y, en relación con la Comunidad Autónoma de Cataluña, es preciso resaltar el Acuerdo de 7 de agosto de 2020 que modifica la Ley 4/2017, de 20 de julio, de la renta garantizada de ciudadanía y se adoptan medidas urgentes para armonizar prestaciones sociales con el ingreso mínimo vital (LCAT 2020\1239).

162. En este sentido, la Ley 18/2008, de 23 de diciembre (BOPV 250/2008, para la Renta de Garantía de Ingresos de la Comunidad Autónoma del País Vasco y la Ley 4/017, de 28 de abril, por la que se regula la Renta de ciudadanía de La Rioja.

163. En un exhaustivo y clarificador artículo institucional de la Secretaría de Estado de Seguridad Social: *«Un vistazo a los programas de rentas mínimas en las Comunidades Autónomas»* publicado en la revista electrónica «La Revista de la Seguridad Social. Secretaría de Estado de Seguridad Social y Pensiones» de 27 de mayo de 2020, no indexada, que se puede consultar en la siguiente página electrónica: https://revista.seg-social.es/-/un-vistazo-a-los-programas-de-rentas-m%C3%ADnimas-que-funcionan-en-las-comunidades-aut%C3%B3nomas (Visitada el 22 de septiembre de 2023).

164. Cfr. Sentencia del TSJ (Aragón) de 22 de mayo de 2023 (Rec. 227/2023).

ción General del Estado (AGE) que, tanto en el ámbito de la Seguridad Social como de la protección al desempleo, complementa la acción contributiva estatal.

En este sentido, resulta ser una acertada descripción la situación normativa que las rentas autonómicas mantienen con el IMV estatal. Se ha afirmado que el conjunto de rentas mínima autonómicas, en ejercicio de competencias de asistencia social se caracteriza por su diversidad territorial, cuyo desarrollo normativo y financiero depende de cada una de las comunidades autónomas. No están sujetas a ningún régimen e coordinación y, por tanto, basta cualquier movimiento o traslado geográfico de los beneficiarios para perder vigencia la renta autonómica reconocida y, por tanto, *«la heterogeneidad en la capacidad de protección, las diferencias en la cobertura de las prestaciones, la disparidad y flexibilidad en los requisitos de acceso, las bajas cuantías y falta de cobertura, entre otras, generan que el sistema de ingresos mínimos en España esté fraccionado y presente disparidades territoriales»* [165].

Todo ello conduce afirmar que, en concreto, la Prestación Aragonesa Complementaria del IMV, como prestación subsidiaria del IMV y complementaria de cualquier otro ingreso o tipo de recursos o prestaciones a los que tenga derecho la unidad familiar, dirigida a las personas que no dispongan de ingresos.

En definitiva, esto más bien aparece conectado con un reequilibrio de recursos económicos asignados al pago de prestaciones de asistencia social por parte de las comunidades autónomas, respecto de los que ha de soportar las arcas de la Seguridad Social para hacer frente al pago del IMV. En este sentido, las modificaciones normativas incorporadas en las rentas mínimas autonómicas, especialmente, tras la entrada en vigor de la primera versión del ingreso mínimo vital, se muestran partidarias de que sea el ingreso mínimo vital la prestación que asuma la centralidad del sistema en la contingencia por vulnerabilidad económica, tras la integración de todas las rentas e ingresos de la unidad de convivencia y, por tanto, la renta autonómica complemente, en su caso, la renta garantizada [166].

---

165. Exposición de Motivo del Decreto Ley 5/2020, de 29 de junio.
166. Opinión que parece ser avalada por la doctrina que ha estudiado en profundidad este cambio en el rol de papeles de las Administraciones implicadas en la gestión y reconocimiento de las rentas mínimas y del ingreso mínimo vital. Así se ha afirmado, *«...la renta autonómica se ofrece como una vía más entre las posibles para conseguir los ingresos mínimos necesarios para la subsistencia, introduciendo el IMV una regla básica de coordinación...consistente en tener en cuenta la cuantía de tales rentas para reconocer o no el derecho al IMV y para fijar su cuantía final»*. Cfr. BARCELÓN COBEDO, S.: *«El ingreso mínimo vital en el sistema español de seguridad social»*, en El ingreso mínimo vital en el sistema español de protección social. Oviedo, (Joaquín García Murcia-editor KRK Laboral), 2022, págs. 194-195.

4. LAS SINGULARIDADES DE LA APLICACIÓN EN LOS TERRITORIOS FORALES

4.1. PLANTEAMIENTO

En otro orden de consideraciones, y con relación a un régimen jurídico foral, previsto en la disposición adicional quinta de la Ley 19/2021, de 20 de diciembre, establece una regulación especial reservada a los territorios forales de País Vasco y Navarra. En efecto, atendiendo a una especificidad que consiste en la existencia de instituciones Forales, esto es, la existencia de unos «derechos históricos» que se amparan y protegen en la disposición adicional primera de la Constitución de 1978, amparo y protección de derechos históricos que, a mi parecer, no parece que constituya una cobertura técnica suficiente para emprender la transferencia de una competencia exclusiva reservada al Estado en el art. 149.1.17 CE que, aparentemente, no alcanzaría la asunción de competencias en materia de seguridad social. Por ello, más que una atribución de competencias sostenida en el carácter foral de los territorios afectados, parece que se deja guiar por criterios de oportunidad incorporados en el tenor literal de la ley 19/2021, de 20 de diciembre, que han sido avalados por la Sentencia del Tribunal Constitucional 19/2024, de 31 de enero.

En cualquier caso, esa especialidad ha justificado que las funciones y servicios correspondientes al Instituto Nacional de la Seguridad Social se atribuyan a los organismos homónimos de las Comunidades Autónomas forales[167], en atención al sistema de financiación de dichas haciendas forales. Además, el pago a los titulares del IMV, en relación con la prestación económica no contributiva de la Seguridad Social del ingreso mínimo vital, también se ha encomendado a las comunidades autónomas forales, pero sin que se haya quebrantado la caja única de la Seguridad Social[168].

En cualquier caso, a la incertidumbre derivada de la crisis sociosanitaria y socioeconómica se añaden los cambios vinculados a la aprobación del Real Decreto-ley 20/2020, de 29 de mayo, por el que se establece el ingreso mínimo vital, que nació como prestación económica de la Seguridad Social en su modalidad no contributiva, con el objetivo principal de garantizar, a través de la satis-

---

167. En el caso de la Comunidad Autónoma del País Vasco, «*se ha hecho a través del Servicio Vasco de Empleo (Lanbide) y en Navarra, el Departamento de Derechos Sociales*». Cfr. MALDONADO MOLINA, J.A.: «Gestión institucional del IMV». en El ingreso mínimo vital en el sistema español de protección social. Oviedo, (Joaquín García Murcia-editor KRK Laboral), 2022, pág. 376.

168. En este sentido, se modificó únicamente el primer párrafo de la disposición adicional quinta de la Ley 19/2021, de 20 de diciembre, por la disposición final trigésima de la Ley 22/2021, de Presupuestos Generales del Estado de 2022 en la que se modificó dicho primer párrafo, en el sentido de que las haciendas forales asumirán, además de la gestión y tramitación, el pago del IMV en sus respectivos territorios. Como se afirma en la STCO 19/2024, no se quebranta la caja única de la seguridad social, al menos en términos de la estructura administrativa de la Seguridad Social (*Vid. Ut supra* Capítulo II).

facción de unas condiciones materiales mínimas, la participación plena de toda la ciudadanía en la vida social y económica, rompiendo el vínculo entre ausencia estructural de recursos y falta de acceso a oportunidades en los ámbitos laboral, educativo o social de las personas.

Por ello, la aprobación del ingreso mínimo vital (IMV) obliga a replantear y a rediseñar el conjunto del Sistema Vasco de Garantía de Ingresos y para la Inclusión por dos razones esenciales:

Por una parte, el IMV se plantea como una prestación «suelo», un mínimo común que ofrece la oportunidad de que el Sistema Vasco de Garantía de Ingresos y para la Inclusión extienda su protección a todas aquellas personas domiciliadas en Euskadi que se hallen en situación de necesidad. Por otra, en lo que se refiere a la gestión del IMV, la disposición adicional quinta de la Ley 19/2021, de 20 de diciembre, por la que se establece el ingreso mínimo vital, prevé que, en razón de la especificidad que supone la existencia de haciendas forales, en relación con esta prestación, las comunidades autónomas de régimen foral asumirán, con referencia a su ámbito territorial, las funciones y servicios correspondientes que en esta ley se atribuyen al Instituto Nacional de la Seguridad Social, así como, en atención al sistema de financiación de dichas haciendas forales, el pago en los términos que se acuerde.

En efecto, en cuanto al pago de la prestación del IMV por las haciendas forales se ha salvado su constitucionalidad, sin entender que exista fractura de la caja única de la Seguridad Social porque, como afirma literalmente la reciente doctrina del Tribunal Constitucional, «*el sistema de financiación foral sí juega un papel diferencial en cuanto a la ejecución material del pago de la prestación. Como recuerdan el abogado del Estado y las representaciones de los gobiernos autonómicos coadyuvantes, las relaciones financieras de las comunidades autónomas forales con el Estado se rigen por el sistema foral tradicional de concierto y convenio económico, previsto en el art. 41 EAPV, desarrollado por la Ley 12/2002, de 23 de mayo, por la que se aprueba el concierto, y en el art. 45 LORAFNA, desarrollado por la Ley 28/1990, de 26 de diciembre, por la que se aprueba el convenio. En esencia, este sistema consiste en que dichas comunidades recaudan la práctica totalidad de los tributos generados en su territorio e ingresan al Estado una cantidad (cupo —País Vasco— y aportación —Navarra—) para financiar las competencias estatales. Esta singularidad les permite asumir el pago del IMV y descontar del cupo y de la aportación la cantidad que corresponde conforme a las reglas del concierto y del convenio*»[169].

Por todo ello, la transferencia de la gestión del IMV, que hará posible una gestión integrada del conjunto de las prestaciones económicas que conforman el Sistema Vasco de Garantía de Ingresos y para la Inclusión, dará una mejor respuesta a las necesidades de la ciudadanía, se ha materializado con el Conve-

---

169.   Cfr. Sentencia del Tribunal Constitucional 19/2024, de 31 de octubre, en f.j. 5°.

nio para la asunción por la Comunidad Autónoma del País Vasco de la gestión de la prestación no contributiva del ingreso mínimo vital, vigente desde el 1 de abril de 2022.

Al mismo tiempo, la gestión autonómica de ambas prestaciones —y la necesidad de seguir desarrollando las políticas activas de empleo y los servicios sociales que las personas beneficiarias de estas prestaciones puedan requerir— obliga a un ajuste normativo, financiero y organizativo importante. Precisamente, buena parte de las disposiciones contenidas en esta ley está orientada a facilitar una gestión más eficiente, ágil y racional de un sistema conformado por una prestación de configuración estatal y otra genuinamente autonómica, con requisitos, obligaciones y criterios de acceso propios.

Esta ley busca, precisamente, adaptarse a la coyuntura que acaba de referirse. Lo anterior hace preciso adecuar las medidas de protección social, de garantía de ingresos mínimos y de inclusión atendiendo a lo dispuesto en el artículo 9 del Estatuto de Autonomía para el País Vasco y al amparo de su artículo 10, que atribuye a la Comunidad Autónoma de Euskadi la competencia exclusiva en el ámbito de la asistencia social, título competencial que legitima la aprobación de esta ley autonómica y en cuyo ámbito se inserta la totalidad de sus contenidos.

El objetivo es, por un lado, mejorar la cobertura y el acceso a las prestaciones económicas que ofrece el sistema de garantía de ingresos y, por otro, mejorar el acceso de la ciudadanía vasca con dificultades para desenvolverse en la vida laboral y social a servicios sociales y de empleo de calidad. Para ello, el principal fin de esta ley es adaptar el funcionamiento del conjunto del Sistema Vasco de Garantía de Ingresos y para la Inclusión, y muy especialmente el de las prestaciones económicas que lo integran, a los profundos cambios que se han venido produciendo en el seno de la sociedad vasca desde la aprobación del marco normativo vigente, incorporando al IMV en el sistema vasco de protección social[170].

4.2. LA APARENTE COHERENCIA DE LA APLICACIÓN DEL INGRESO MÍNIMO VITAL EN LOS TERRITORIOS FORALES

La Ley 19/2021, de 20 de diciembre, en el apartado 1º de su art. 25, declara que la competencia para el reconocimiento y el control de la prestación económica no contributiva del ingreso mínimo vital corresponde al Instituto Nacional de la Seguridad Social, declaración de competencia que tiene distintas modali-

---

170. Una descripción de las relaciones trenzadas entre las rentas autonómicas del País Vasco y el ingreso mínimo vital en esa Comunidad Autónoma se puede consultar en la Ley 14/2022, de 22 de diciembre, del Sistema Vasco de Garantía de Ingresos y para la Inclusión (BOE 19/01/2023).

dades según cual sea la Administración al que se le encomiende la tramitación y, en su caso, el reconocimiento de la prestación.

Por una parte, el propio art. 25.1 LIMV anuncia que la declaración de competencia y colaboración interadministrativa se efectúa sin perjuicio de otros supuestos de participación de Administraciones con «competencia plena» y, a otras Administraciones, una declaración de «competencia limitada».

En relación con estas últimas, esto es, administraciones públicas con competencia limitada, el art. 25.2 LIMV reconoce a las comunidades autónomas de «régimen común» y a las entidades locales la posibilidad de que éstas inicien un expediente, se tramite y se efectúe todas las gestiones previas a la resolución del expediente de la prestación del IMV que, de conformidad con los términos acordados en el convenio interadministrativo que han de suscribir con el Instituto Nacional de la Seguridad Social, se reserva a la citada Entidad Gestora de la Seguridad Social.

Asimismo, esta colaboración con el INSS, por parte de las entidades locales, no serán necesarios los informes previos y vinculantes de la Administración competente por razón de materia, en el que se señale la inexistencia de duplicidades, y de la Administración que tenga atribuida la tutela financiera sobre la sostenibilidad financiera de las nuevas competencias. Lógicamente, en estos casos de colaboración interadministrativa no hay responsabilidad financiera alguna por parte de la entidad local y, aparentemente, la finalidad del informe vinculante exigido por el art. 7.4 LBRL queda sobradamente cumplimentada con la firma de convenio de colaboración interadministrativa en los términos de la Ley 40/2015, de 1 de octubre (apartados 2° y 3°° del art. 25 LIMV).

Más allá de esta colaboración interadministrativa en la que el INSS se reserva la potestad de resolver el expediente iniciado por otras Administraciones Públicas, se encuentra el supuesto de la asignación de competencias plenas a los denominados territorios forales, en los términos previstos en la Disposición Adicional 5ª LIMV. En estos casos, se produce una completa asunción de funciones y servicios que presta el INSS en el resto del territorio nacional por parte de las haciendas forales, incluyendo el reconocimiento y el pago de la prestación del ingreso mínimo (párrafo 1° de la D. Ad. 5ª LIMV)[171].

Aparentemente, esta singular subrogación de cada una de las haciendas forales, una hacienda con competencias para la aprobar legislación y para la recaudación de los impuestos, asumen las potestades propias del INSS, una entidad Gestora de la Seguridad Social, se articuló, en un primer momento,

---

171. En relación con la Comunidad Foral de Navarra, se aprobó la Orden TER/310/2022, de 6 de abril, por la que se publica el Acuerdo de la Junta de Transferencias Administración del Estado-Comunidad Foral de Navarra, de 31 de marzo de 2022, de asunción por la Comunidad Foral de Navarra de la gestión de la prestación no contributiva del ingreso mínimo vital.

mediante un convenio entre los órganos competentes del Estado y de la comunidad autónoma interesada, convenio que sin esperar a la efectiva asunción de funciones adoptó mediante un convenio específico entre distintas administraciones una «encomienda de gestión». Las encomiendas de gestión suponen la realización de actividades de carácter material o técnico de la competencia de los órganos administrativos o de las Entidades de Derecho Público, por otros órganos o Entidades de Derecho Público de la misma o de distinta administración, siempre que entre sus competencias estén esas actividades, por razones de eficacia o cuando no se posean los medios técnicos idóneos para su desempeño[172].

Tal transferencia de competencias, aparentemente, en la actual doctrina del Tribunal Constitucional[173] rebasa las competencias en materia de Seguridad Social por parte de las comunidades autónomas, sin que el hecho de que tenga un régimen foral, salvaguardado por nuestro Texto Constitucional, en su Disposición Adicional 1ª, justifique una excepción al régimen competencial exclusivo del Estado establecido en el art. 149 CE, pues al determinar el procedimiento para la solicitud, la tramitación y el reconocimiento del ingreso mínimo vital, se ha instaurado un modelo de gestión atribuido al INSS que constituye «legislación básica» de la Seguridad Social y repercute en su «régimen económico», régimen que también tiene declarada su competencia exclusiva del Estado en pro de garantizar la unidad presupuestaria del sistema, a través de los principios de unidad de caja y solidaridad financiera. Todo ello, no ha sido argumentación suficiente para la Sentencia de 31 de enero de 2024 que ha abierto un nuevo espacio para la gestión de la Seguridad Social a los territorios forales, sin quebrantar la caja única de la Seguridad Social, caja única que se concentra únicamente en las competencias de la Tesorería General de la Seguridad Social que no se han visto quebrantadas.

5. EL PRINCIPIO DE COOPERACIÓN INTERADMINISTRATIVA ENTRE COMUNIDADES AUTÓNOMAS Y ENTIDAD GESTORA: UNA POSIBLE MODULACIÓN DE LA RELACIÓN SUPLEMENTARIA

A la vista de lo señalado anteriormente, se puede afirmar que una de las directrices básicas del legislador del IMV, tanto en su versión inicial, la del Real

---

172. Las encomiendas de gestión se regulan en el artículo 11 de la Ley 40/2015, de 1 de octubre, de Régimen Jurídico del Sector Público. Según lo dispuesto en el artículo 6.2 de la Ley 9/2017, de 8 de noviembre, de Contratos del Sector Público, por la que se transponen al ordenamiento jurídico español las Directivas del Parlamento Europeo y del Consejo 2014/23/UE y 2014/24/UE de 26 de febrero de 2014, quedan excluidas del ámbito de la mencionada Ley las encomiendas de gestión reguladas en la legislación vigente en materia de régimen jurídico del sector público. Cuando se encargue a una entidad que tenga atribuida la condición de medio propio se regirá conforme lo previsto en los artículos 32 y 33 de de la LCSP.

173. Cfr. *Ut supra.*

Decreto-Ley, como tras su tramitación parlamentaria, ha sido evitar una competición entre las distintas Administraciones que originara *«una carrera hacia abajo»* en el contenido de la acción protectora ante las contingencias de vulnerabilidad económica y prevención de la exclusión social, esto es, que tras la entrada en vigor de la regulación del IMV, ésta no desencadenara una reducción de la cuantía de las prestaciones que ya percibían los beneficiarios en concepto de renta autonómica, sin interferir en las regulaciones autonómicas. Al contrario, es indudable que la preocupación del legislador, asunto al que le ha dedicado suficiente atención, ha sido asegurar una eficiente cooperación interadministrativa y, de hecho, dedica todo el capítulo V de la Ley (artículos 30 a 34 LIMV) a esta cuestión.

En concreto, el art. 32 de la Ley 19/2021, de 20 de diciembre, establece uno de los instrumentos más novedosos en materia de cooperación interadministrativa entre el Estado y las Comunidades Autónomas en la tramitación del IMV. Se trata de una fórmula de colaboración en el que las Comunidades Autónomas pueden remitir al Instituto Nacional de la Seguridad Social una solicitud de la prestación del IMV, en nombre del titular o beneficiarios y siempre con consentimiento de los mismos, para que sea la Entidad Gestora quién, en su caso, pueda reconocer la prestación de ingreso mínimo vital a las personas interesadas en atención a la información contenida en ese «certificado»[174].

Sin duda, la extensa red de servicios sociales que disponen las Comunidades Autónomas y éstas, a su vez, con las Corporaciones Locales, le permiten tener la máxima proximidad con aquellos interesados que se pueden encontrar en situación de vulnerabilidad económica o de exclusión social.

En esta modalidad «intensa» de cooperación interadministrativa y con los correspondientes protocolos telemáticos de intercambio de información habilitados al efecto, la comunidad autónoma remite los datos necesarios para la identificación de dichas personas y el inicio de la tramitación del procedimiento. En esta línea, el certificado emitido por la comunidad autónoma será suficiente para que la entidad gestora considere solicitadas las prestaciones por las personas interesadas en la fecha de su recepción por la entidad gestora y deba resolver sobre la solicitud en atención a los hechos contenidos en el certificado y a salvo, como ya se expuso anteriormente, de la valoración sobre la vulnerabilidad económica que corresponde exclusivamente efectuarla al INSS (art. 32.2.2 LIMV).

---

174. En este denominado «certificado», a modo de prueba cualificada en el procedimiento administrativo de reconocimiento del IMV, se afirma de él que *«será suficiente para que la entidad gestora considere solicitadas las prestaciones de las personas interesadas en la fecha de su recepción por la entidad gestora. Mediante él se acredita: —la constitución, en su caso, de una unidad de convivencia— que se encuentra en su poder toda la documentación que pruebe el cumplimiento de dichos requisitos, a excepción de la vulnerabilidad económica, que sí será analizada por el INSS».* Cfr. MALDONADO MOLINA, J.A.: *«Gestión institucional del IMV».* en El ingreso mínimo vital en el sistema español de protección social. Oviedo, (Joaquín García Murcia-editor KRK Laboral), 2022, pág. 384.

Es preciso resaltar, que este «certificado autonómico» es considerado como «prueba cualificada» de determinados hechos contenidos en el mismo y procedentes de la información obrante en los registros de la administración autonómica, a los efectos de su incorporación en el expediente electrónico, que tramitará el Instituto Nacional de la Seguridad Social, Entidad Gestora que ya no deberá hacer nuevas comprobaciones del contenido e información en dicho certificado. En cuanto al contenido del certificado, éste será acreditativo de la constitución, en su caso, en primer lugar, de una unidad de convivencia conforme establecen los artículos 6, 7 y 8 LIMV; en segundo lugar, del cumplimiento de los requisitos a que se refieren los artículos 4, 5 y 10 LIMV y, por último, de que se encuentra en su poder toda la documentación que pruebe el cumplimiento de dichos requisitos, a excepción de la vulnerabilidad económica a la que se refiere el artículo 11 LIMV, que es valorada únicamente por el Instituto Nacional de la Seguridad Social[175].

Como justa correspondencia de esta manifestación del principio de confianza y colaboración entre las Administraciones Públicas, colaboración que permite agilizar la resolución de la petición de la prestación de IMV contiene, al mismo tiempo, una declaración de responsabilidad de la Comunidad Autónoma que ha incoado la tramitación de la solicitud de IMV, en atención a la información obrante en sus archivos, el art. 32.2.7 LIMV establece que, si por la información incorporada al certificado emitido por la correspondiente Comunidad Autónoma, se reconociese una prestación de IMV que posteriormente fuera declarada indebida, y no fuese posible recuperar el importe abonado, los perjuicios ocasionados serán a cargo de la Comunidad Autónoma certificadora.

En relación con esta peculiar atribución de responsabilidad legal, adelantando la calificación que pudiera efectuar los juzgados y tribunales, asalta varios interrogantes que se irán resolviendo conforme esta materia que parece litigiosa se traslade a los órganos judiciales, aunque parece que requiere una interpretación ajustada al tenor literal del art. 32.2.7 LIMV, sin que se haya modificado su redacción desde la versión inicial del RDL 20/2020.

En primer lugar, esa posible responsabilidad de las Comunidades Autónomas se debe entender que se limita a aquellos expedientes de IMV que hayan sido iniciados, precisamente, por un certificado expedido por Comunidad Autónoma que acreditara la veracidad de los requisitos de convivencia y económicos de esta prestación contributiva y el INSS o la Institución Foral hubiera reconocido la prestación en atención a los datos obrantes en el mismo.

En segundo lugar, que una vez reconocida esa prestación de IMV, ésta haya sido declarada «indebida», calificación que desemboca en una responsabilidad de la correspondiente comunidad de carácter subsidiario, esto es, si no es posible recuperar la cuantía de las prestaciones indebidas de IMV con cargo al patri-

---

175. Cfr. Ibidem, pág. 386.

monio de los perceptores de la prestación no contributiva. Únicamente en esa circunstancia, será cuando se pueda activar la exigencia de responsabilidad por los perjuicios ocasionados tras reconocer una prestación de IMV, en atención a la información incorporada en el certificado y tras la solicitud instada por la propia comunidad autónoma, por parte de la Entidad Gestora (art. 32.2.7 LIMV).

Es preciso resaltar que la exigencia de esa responsabilidad subsidiaria de la comunidad autónoma, tras haber inducido al reconocimiento de una prestación de IMV indebida a la Entidad Gestora, más allá de su procedimentalización ante juzgados y tribunales, sería conveniente se zanjara mediante los mismos cauces de cooperación que facilitaran el reconocimiento de la prestación no contributiva, esto es, mediante cauces de compensación económica en el mismo marco de colaboración interadministrativa[176].

En este sentido, el cauce preferente para reparar el perjuicio ocasionado por el IMV reconocido indebidamente y promovido por una comunidad autónoma, habrá de ser, en primer término, un reintegro de prestaciones indebida exigible directamente por la Entidad Gestora, en su condición de Hacienda Pública, a los perceptores de la percepción del ingreso mínimo vital. A tal fin, el art. 55 de la LGSS establece que, «*Los trabajadores y las demás personas que hayan percibido indebidamente prestaciones de la Seguridad Social vendrán obligados a reintegrar su importe*», estableciendo el precepto, del mismo modo, la responsabilidad subsidiaria, junto al perceptor, de «*quienes por acción u omisión hayan contribuido a hacer posible el cobro, salvo buena fe probada, de la obligación de reintegrar*». Precisamente, este precepto general constituye el soporte para la exigencia de responsabilidad a la comunidad autónoma que haya inducido el reconocimiento indebido de la prestación del IMV en atención a la emisión del citado certificado (art 32.2 LIMV y, específicamente, el art. 32.2.7 LIMV)[177].

Como es sabido, esta obligación de reintegro del importe de las prestaciones indebidamente percibidas prescribirá a los cuatro años, contados a partir de la fecha de su cobro, o desde que fue posible ejercitar la acción para exigir su devolución, con independencia de la causa que originó la percepción indebida, incluidos los supuestos de revisión de las prestaciones por error imputable a la entidad gestora.

---

176. Ese es, precisamente, la propuesta que viene estableciendo la doctrina de los tribunales, cfr. Sentencia de la Sala de lo Contencioso Administrativo, Sección 2ª, del Tribunal Supremo de 28 de septiembre de 2021, Recurso nº 782/2020. Ponente: Francisco José Navarro Sanchís.

177. Sobre esta difícil cuestión que regula y ha de aplicar el reintegro de prestaciones indebidas en relación con prestaciones no contributivas, en este caso el IMV, se afronta la problemática que ha de resolver las situaciones de fraude de ley y el estado de necesidad de algunos de sus perceptores, cfr. RODRÍGUEZ CADENAS, J.: «*El reintegro de prestaciones indebidas. El caso de pensiones no contributivas en Andalucía, entre el fraude y la necesidad*». Revista de Derecho de la UNED, núm. 26, 2020, en especial su apartado de conclusiones en páginas 542-546.

Desde luego, a mi parecer, con motivo de esta colaboración interadministrativa (art. 32 LIMV) pierde terreno la relación suplementaria entre el IMV y la renta autonómica pues resulta ser preferente la percepción del IMV, manteniéndose la prestación autonómica como subsidiaria respecto de aquélla pues, el hecho de que sea la comunidad autónoma quien insta el reconocimiento de la prestación de IMV, aún con consentimiento de los beneficiarios en atención a la información obrante en sus registros, va a permitir reducir la cuantía de dicha renta autonómica, incluso suspender o extinguir dicha renta mínima aplicando la norma de asistencia social de la comunidad autónoma correspondiente, alterando la vocación de suplemento del IMV respecto a la renta autonómica que evidentemente el legislador autonómico no comparte, al contrario, pretende que *prima facie* solicite y se acceda a la prestación estatal y, si no se puede acceder a la misma, entonces, sí se puede solicitar el acceso a la renta autonómica.

Por consiguiente, prevalece un criterio heterogéneo y desordenado que no encuentra explicación en la relación que configuran las normativa reguladora respecto del ingreso mínimo vital, salvo que respondan a singularidades de cada región que, en mi opinión, se deberían justificar de forma expresa pues dan pie a un tratamiento que podría vulnerar el principio de igualdad con una acción protectora desigual a colectivos en situación de exclusión social en función de cuál sea la comunidad autónoma de residencia[178].

6. EL PROCEDIMIENTO ESPECIAL DE REINTEGRO DE RENTA MÍNIMA AUTONÓMICA

En relación con aquellas «rentas mínimas autonómicas» cuya regulación ha declarado la incompatibilidad total o parcial con la acumulación del ingreso mínimo vital por un mismo beneficiario, esto es, aquellas comunidades autónomas que han optado por una configuración de la renta mínima autonómica como una renta «subsidiaria» respecto de la percepción del ingreso mínimo vital de tal modo que, preferentemente se ha solicitar la prestación estatal y, en caso de denegación, se podría acceder a la renta autonómica para corregir posibles situaciones en que se pudiera apreciar una defectuosa distribución de ayudas sociales por inactividad de las administraciones públicas.

Además, la posible aplicación del procedimiento establecido en esta disposición adicional 9ª LIMV exige que la solicitud de la prestación del IMV haya sido a instancia de la propia comunidad autónoma, ejerciendo las competencia

---

178. Como se ha afirmado por la doctrina científica que ha estudiado esta cuestión, *«Habrá beneficiarios del IMV, cualquiera que sea la cuantía de la prestación que le corresponda, que no pueden acceder a la renta mínima de su autonomía, por ser incompatibles, y otros que pueden ver mejorada su prestación con la prestación autonómica. Nada que objetar si esas diferencias responden únicamente a las particularidades de cada autonomía, mientras el "suelo" de la protección esté garantizado a nivel estatal desde el sistema de Seguridad Social».* Cfr. consultar CASTRO ARGÜELLES, M.A.: *«Ingreso mínimo vital y rentas mínimas autonómicas»*, op. cit., pág. 371.

de colaboración interadministrativa, previstos en el art. 32 LIMV, se haya emitido certificado de la administración autonómica con información favorable para el reconocimiento del IMV; y el INSS ha resuelto favorablemente el reconocimiento del IMV, seguramente, aflorará periodos de solapamiento en que el beneficiario pudo o va a percibir dos prestaciones, procedentes de distintas administraciones y por distintos títulos competenciales, que, precisamente, la regulación de la Comunidad Autónoma acerca de renta mínima tiene expresamente prohibido, esto es, ya sea cuando se trata de dos prestaciones absolutamente incompatibles por la normativa autonómica, o cuando por la acumulación de las dos prestaciones origina una nueva cuantía prestacional que supera el umbral de renta protegible.

No obstante, conviene tener en cuenta unos límites cuantitativos que establece la Disposición Final 2ª del Real Decreto 789/2022, por el que se regula la compatibilidad del Ingreso Mínimo Vital con los ingresos procedentes o de la actividad económica por cuenta propia o por cuenta ajena, norma reglamentaria que añade un nuevo apartado 3 al art. 1 del R.D. 148/1996, de 5 de febrero, con efectos de 1 de enero de 2023, aclarando que «*no se iniciará el procedimiento especial de reintegro de las prestaciones de la Seguridad Social indebidamente percibidas cuando el importe total de la deuda sea inferior a la cantidad que represente del coste de su exacción y recaudación*» [179].

A salvo este tratamiento excepcional para reintegros de reducida cuantía, cuando sí proceda instar el reintegro [180], específicamente, cuando la Comunidad Autónoma haya ejercido el mecanismo de colaboración previsto en el art. 32 o el del art. 25 [181], ambos del LIMV, esto es, haya solicitado la prestación estatal de IMV con consentimiento de los beneficiarios y, como consecuencia de tal

---

179. A pesar de esta limitación en pro de los principios de economía y eficacia administrativa, en todo caso, la entidad gestora podrá acordar la acumulación de las deudas que no excedan de dicho límite al objeto de superar la citada cantidad, o la de tales deudas con otras de importe superior, siempre que todas ellas correspondan a la misma persona deudora y al reintegro de prestaciones indebidamente percibidas a que se refiere este real decreto (art. 1.3.2 del R.D. 148/1996, de 5 de febrero, en la redacción dada por el R.D. 789/2022, de 27 de septiembre).

180. Como ya se señaló anteriormente, el procedimiento general para proceder al reintegro de prestaciones indebidas, para trabajadores y demás personas, que hayan percibido indebidamente prestaciones de la Seguridad Social, se encuentra establecida en el artículo 55 del Texto Refundido de la Ley General de la Seguridad Social (R.D. Legislativo 8/2015), con su desarrollo reglamentario previsto en el Real Decreto 359/2009, de 20 de marzo, y en aquellos casos en que no pueda ser aplicado, lo será de manera supletoria por el contenido del artículo 80 del Real Decreto 1415/2004, de 11 de junio, que aprueba el Reglamento General de Recaudación de la Seguridad Social.

181. Este precepto establece: «*2. Las comunidades autónomas y entidades locales podrán iniciar el expediente administrativo cuando suscriban con el Instituto Nacional de la Seguridad Social, en los términos previstos en la Ley 40/2015, de 1 de octubre, de Régimen Jurídico del Sector*

solicitud, el Instituto Nacional de la Seguridad Social haya reconocido esta prestación estatal, convirtiendo en indebida la prestación de la renta autonómica y, ante la imposibilidad de utilizar los cauces del ordenamiento estatal que quedan reservados a las prestaciones de seguridad social y, desde luego, las rentas mínimas autonómicas no lo son, el legislador se ha visto obligado a improvisar un nuevo procedimiento en la LIMV, el establecido en la Disposición Adicional Novena para reintegrar la renta mínima autonómica, que, de forma sobrevenida, merece ser calificada como indebida.

En tales supuestos, cuando la Comunidad Autónoma hubiera hecho uso del mecanismo de colaboración previsto en el párrafo segundo del artículo 25.2 o en el artículo 32.2 de la Ley 19/2021, el reintegro de la renta mínima autonómica que hubiere sido declarada indebidamente percibida, con motivo del reconocimiento de la prestación económica de ingreso mínimo vital, siempre que la normativa de la correspondiente Comunidad Autónoma lo haya previsto expresamente se encuentra con una forma urgente y sumaria de apremio sobre el patrimonio del deudor y así se haya comunicado a la entidad gestora.

De forma expresa, cuando se ha accedido al reconocimiento del ingreso mínimo vital mediante el proceso del art. 32 LIMV se deberá hacer constar en la resolución que la persona beneficiaria es, al mismo tiempo, beneficiaria de la renta mínima autonómica así como la suspensión del pago del ingreso mínimo vital devengado desde la fecha de efectos económicos hasta el mes en que se dicte la citada resolución en tanto se determina el importe de la renta mínima autonómica indebidamente percibida que haya de ser objeto de retención, con cargo a la prestación no contributiva estatal, como resultado del reconocimiento del IMV.

Por ello, esa Resolución estimatoria del IMV se comunicará a la Comunidad Autónoma, para que ésta a su vez, comunique a la entidad gestora constancia que se acreditan los requisitos previstos en las letras a) y b) apartado 2 de la Disposición adicional 9ª LIMV y que se ha iniciado el procedimiento de reintegro de la renta mínima autonómica indebidamente percibida. En el supuesto de que transcurrido el plazo previsto en el párrafo anterior no se hubiera recibido la correspondiente comunicación de la Comunidad Autónoma, especialmente que cuantifique cuál sea la cantidad a reclamar, no será de aplicación en ningún caso el presente procedimiento para el reintegro de la renta mínima autonómica, y

---

Público, el oportuno convenio que les habilite para ello. En el marco del correspondiente convenio suscrito con el Instituto Nacional de Seguridad Social, podrá acordarse que, iniciado el expediente por la respectiva administración, la posterior tramitación y gestión previas a la resolución del expediente se efectúe por la administración que hubiere incoado el procedimiento.»
A juicio de la doctrina que ha estudiado la cuestión se trata de un precepto vacuo dada su imprecisión pues se limita a formular un mandato indefinido para estudiar la celebración de convenios que afectan únicamente a la materia de gestión, cfr. MALDONADO MOLINA, J.A.: «Gestión institucional del IMV». en El ingreso mínimo vital en el sistema español de protección social. Oviedo, (Joaquín García Murcia-editor KRK Laboral), 2022, pág. 377.

la entidad gestora procederá al pago del ingreso mínimo vital hasta el momento suspendido.

A fin de proceder a ejecutar el reintegro de la cuantía de renta autonómica indebidamente percibida, la Comunidad Autónoma comunicará a la entidad gestora, por el protocolo informático establecido al efecto, el requisito previsto en las letras c) y d) del apartado 2 de la D.Ad. 9ª, el título ejecutivo y la orden del órgano que inste la ejecución para que la entidad gestora proceda a practicar la retención por el importe que a tal efecto se comunique.

Por consiguiente, el Instituto Nacional de la Seguridad Social procederá al pago del importe de la prestación de ingreso mínimo vital que resulte una vez practicada la retención de la cuantía comunicada por la Comunidad Autónoma. La cuantía objeto de retención será ingresada a favor de la Comunidad Autónoma, sin incluir intereses de demora o de otra naturaleza.

Concurrencia del ingreso mínimo vital con las rentas procedentes del trabajo

1. EL RECONOCIMIENTO DE LA COMPATIBILIDAD ENTRE LAS RENTAS DE TRABAJO Y EL IMV

Con carácter general, la aparición de rentas de trabajo en el patrimonio del solicitante desencadenaba una respuesta de incompatibilidad, esto es, se cercenaba el reconocimiento de la prestación de la seguridad social correspondiente, afirmación que ha sido matizada en alguna prestación como la renta activa de inserción, renta que aún permite un complemento para incentivar el trabajo con un incremento de salario equivalente al 25 por ciento de la RAI durante un período temporal máximo de 180 días desde que comienza el contrato de trabajo y, por tanto, se comienza a acumular la renta activa y el salario (art. 6 del R.D. 1369/2006)[182]. Efectivamente, en aquellos supuestos en que, excepcionalmente, se daba cabida a las rentas de trabajo y, a la vez el cobro de la prestación, la dinámica y el tratamiento jurídico se trasladaba la posibilidad de que la cuantía de la prestación fuera aminorada en el mismo importe de las rentas procedentes

---

182. Cfr. MARTÍN-POZUELO LÓPEZ, A. Y SALA FRANCO, T.: *«El ingreso mínimo vital. El Sistema Español de Rentas»*. Base de datos Tirant on line, TOL 7.997.813, parágrafo 106.

del trabajo, dirigiendo al perceptor conforme fueran incrementando sus rentas de origen laboral hacia la paulatina extinción de la prestación de la seguridad social[183].

De modo excepcional, también se ha afirmado que la regla general acerca de la absoluta incompatibilidad entre el trabajo por cuenta ajena y las prestaciones por desempleo no es aplicable a aquellas actividades económicas marginales y de aislada o puntual realización que proporcional un enriquecimiento o aumento de renta irrisorio[184].

Pues bien, de esta teoría general sobre la incompatibilidad absoluta, con la matización ya expuesta, de las rentas procedentes del trabajo y de las prestaciones de la seguridad social, a continuación, se podrá comprobar que no es la aplicable a las relaciones entre el IMV y las rentas del trabajo, abandonando prejuicios o temores a que los beneficiarios de estas prestaciones correctoras de la vulnerabilidad económica no están incentivados para adoptar una posición proactiva en cuanto a su incorporación al mercado de trabajo, mientras están percibiendo el ingreso mínimo vital[185].

En efecto, el ingreso mínimo vital es una prestación económica destinada a garantizar un nivel mínimo de ingresos a las unidades de convivencia o personas en situación de vulnerabilidad económica, situación de vulnerabilidad que puede persistir, a pesar a pesar de que aquéllas puedan ser beneficiarias de diversas fuentes de ingresos procedentes de las distintas políticas públicas de protección social y, por ello, sólo cuando las rentas acumuladas de pensiones públicas superan los umbrales de protección, resultan éstas incompatibles con el IMV. Al margen de estas situaciones, no existe una exclusión de que algún integrante de la unidad de convivencia perciba prestaciones públicas y, a la vez, se pueda reconocer la prestación no contributiva.

En cuanto a la consideración las rentas procedentes del trabajo, éstas se les dispensa por la normativa legal y reglamentaria un tratamiento diferente pues, hasta cierta cuantía, tales rentas de trabajo se consideran exentas del cómputo y se procede al estudio patrimonial de la unidad de convivencia como si tales rentas de trabajo no existieran, esto es, no sólo no devienen incompatibles sino que el legislador ha previsto un tratamiento normativo especial para discernir

---

183. Un interesante estudio sobre esta concurrencia de ingresos en materia de prestaciones no contributivas y prestación de desempleo se puede consultar en GOMEZ GORDILLO, R.: *«Compatibilidad e incompatibilidad en el acceso o en disfrute de las prestaciones de garantía de recursos de subsistencia»*, en Las prestaciones de garantía de rentas de subsistencia en el sistema español de seguridad social (Dirigido y coord. por Santiago González Ortega), Valencia, 2018, (Tirant lo Blanch), págs. 299-300.

184. Cfr. Sentencia de la Sala de lo Social del Tribunal Supremo de 13 de enero de 2021 (Sentencia núm. 7/2021).

185. Cfr. MARTÍN-POZUELO LÓPEZ, A. Y SALA FRANCO, T.: *«El ingreso mínimo vital. El Sistema Español de Rentas»*. Op. cit., parágrafo 106.

los umbrales de rentas de trabajo exentas y concurren con la prestación del IMV sin disminuir la cuantía de éste y, por el contrario, en qué otros supuestos la cuantía y la consolidación de determinados niveles de renta procedentes de la realización de un trabajo, persistente en el tiempo, harán decaer el derecho a la percepción de la acción protectora del IMV.

En esta nueva filosofía del tratamiento de las rentas procedentes del trabajo, ha tenido una explicación sólida pues, las rentas procedentes del trabajo, más allá de la cuantía de las mismas, constituyen el recurso económico más efectivo para amortiguar los efectos socio económicos de la vulnerabilidad económica, y tal vez sea esto lo más importante, la persistencia en la percepción de rentas de trabajo constituye la manifestación de una superación de la exclusión social que, en realidad, debería ser uno de los principales objetivos de la regulación del IMV[186], evitando incurrir en la denominada «trampa de la pobreza» más allá de que mientras las situaciones de riesgo existan se mantenga la percepción de esta prestación no contributiva[187].

En efecto, el legislador propicia un tratamiento especial para las rentas procedentes del trabajo con el fin de que la percepción del ingreso mínimo vital no desincentive la participación en el mercado laboral, declarando la exención de cómputo del ingreso mínimo vital con las rentas del trabajo o con la actividad económica por cuenta propia de la persona beneficiaria individual o, en su caso, de uno o varios miembros de la unidad de convivencia en los términos y con los límites que reglamentariamente se establezcan (art. 11.4 LIMV). Seguramente, el legislador es consciente que la superación de la contingencia que pretende atajar el IMV, mediante la obtención de las rentas procedentes del trabajo, sea la solución más favorable para superar con éxito la vulnerabilidad económica y los riesgos de exclusión social.

En cuanto al significado específico de la compatibilidad en la normativa reglamentaria de desarrollo, tal compatibilidad no sólo confirma la coexistencia y acumulación de rentas procedentes del trabajo y el IMV sino que, además, consiste en un reconocimiento de la exención del cómputo de los ingresos y rentas originados en la actividad productiva para la determinación de la situación de vulnerabilidad económica de la persona beneficiaria individual o, en su caso, de la unidad de convivencia (art. 1.2 RDRTIMV). Dicho importe vendrá determinado por la aplicación de los porcentajes establecidos en el anexo III del Real Decreto 789/2022, de 27 de septiembre, al que hace referencia el artículo 4 de la mencionada norma reglamentaria sobre el incremento de las rentas del trabajo

---

186. DE LA FUENTE LAVÍN, M.: *«Políticas de empleo y rentas mínimas»*. Trabajo. Revista iberoamericana de relaciones laborales, núm. 10, 2001, págs. 109-136.
187. En este sentido, cfr. AIREF: «Primera opinión Ingreso Mínimo Vital», en página electrónica https://www.airef.es/wp-content/uploads/2022/08/IMV/OPINION-AIREF-IMV.pdf, pág. 77 (consultada 16 de julio de 2023).

o de la actividad económica por cuenta propia que se hayan obtenido en los dos ejercicios fiscales previos a la revisión del derecho.

2. SIGNIFICADO Y ALCANCE DE LA COMPATIBILIDAD

2.1. UNA LEGISLACIÓN FAVORABLE DE LA COMPATIBILIDAD ENTRE LAS RENTAS TRABAJO Y EL IMV

La implantación del ingreso mínimo vital persigue, a través de la acreditación del reconocimiento de una renta económica mínima, que ésta coadyuve en el acceso a la participación plena de la ciudadanía en la vida social y económica, cualquiera que sea la razón de carácter permanente o transitoria que le han excluido de los canales de integración y desarrollo en la vida social y económica. Desde luego, por razón de las cuantías reconocidas, el IMV, por sí mismo, no es un instrumento determinante para la superación de la situación de vulnerabilidad económica, aunque, indudablemente, puede suponer un punto de inflexión que, además, siendo acompañada del reconocimiento de su compatibilidad con las rentas de trabajo se convierten en una ventana para futuras vías de reintegración social.

Es más, esta apertura hacia la exigencia de un compromiso con el ejercicio de una actividad productiva por parte de los beneficiarios del ingreso mínimo vital se convierte, seguramente, en la principal herramienta para promover una verdadera inclusión social de los perceptores de esta prestación. Por eso, se debería calificar como un avance en la dirección correcta anudar el reconocimiento de la prestación no contributiva con la suscripción de un compromiso de actividad en los términos establecidos en el art. 58 de la Ley 3/2023, de 28 de febrero de Empleo, compromiso regulado para ciertos colectivos, aunque en la actualidad, dada la dificultad de integrar a estas personas con trabajos excesivamente precarios o desempleados, tal vez, es aconsejable que el compromiso de actividad se postergue hasta que se acrediten la neutralización de los riesgos de exclusión social. Hasta entonces, *«la norma se limita a la inscripción como demandantes de empleo en el Servicio Público de Empleo correspondiente»*[188].

A fin de revertir esa situación de exclusión social, como ya se anunció anteriormente, el artículo 11.4 LIMV establece que con el fin de que la percepción del ingreso mínimo vital no desincentive la participación en el mercado laboral, la percepción del ingreso mínimo vital será compatible con las rentas del trabajo o con la actividad económica por cuenta propia de la persona solicitante o, en su caso, de alguno de los miembros de la unidad de convivencia en los términos y

---

188. Cfr. MONEREO PÉREZ, J.L. y RODRÍGUEZ INIESTA, G.: *«El Ingreso Mínimo Vital una valoración de su implantación (a propósito de las Opiniones de la AIReF y del impacto "sistémico" del IMV en el perfeccionamiento del Sistema de Seguridad Social)»*. Revista de Derecho de la Seguridad Social, Laborum. Núm. 36 (2023), pág. 33.

con los límites que reglamentariamente ya se han establecido en el mencionado Anexo III del RDRTIMV[189].

A la vista de ese precepto legal, sin importar el orden de obtención de una y otra, es preciso resaltar la amplia tipología de actividades que da cabida la normativa para facilitar la obtención de rentas de trabajo junto al IMV, esto es, por una parte, se reconoce la idoneidad del trabajo por cuenta ajena en su sentido más amplio y cualquiera que sea la modalidad del mismo o la naturaleza privada o pública del empleador, incluso sería admisible esas fórmulas híbridas en que la prestación de servicios se desarrollara en los programas de colaboración social en que la retribución salarial se limita a complementar la percepción de alguna modalidad de desempleo en los denominados contratos de colaboración social financiados por las comunidades autónomas, tras la suscripción de los correspondientes convenios administrativos con las corporaciones locales para prestación de servicios públicos municipales.

Por otra parte, también tiene cabida la realización de actividades económicas por cuenta propia sin exclusión alguna, excepto cuando las rentas tengan su procedencia en su condición de miembro como administrador de derecho de una sociedad mercantil y mientras se mantenga en esa actividad. Se trata de una actividad por cuenta propia que excluye el acceso a la prestación del ingreso mínimo vital por el hecho de ejercer la dirección y administración de sociedad mercantil y, por tanto, impide el acceso a la prestación no contributiva (art. 11.3.2 LIMV).

Desde luego, si se mantiene dentro de los umbrales de renta protegible, se ha de interpretar que es admisible tanto los supuestos de pluriactividad, desempeñar diversas actividades profesionales como de supuestos de pluriempleo, esto es, cuando se prestan servicios, en el mismo intervalo temporal, para diversos empleadores[190].

---

189. De modo sucinto, en función de los tramos de renta garantizada, el tratamiento de las rentas procedentes del trabajo se puede describir del siguiente modo: En primer lugar, los incrementos procedentes de rentas de trabajo o de la actividad económica por cuenta propia hasta alcanzar el 60% de la renta garantizada se sumará al IMV como incentivo. De esta forma, cuando el incremento de salarios alcance hasta el 60% del umbral de renta garantizada no se producirá ninguna reducción del IMV. En segundo lugar, a partir del 60% de la renta garantizada, se añade un porcentaje adicional de la diferencia, que variará entre un 20% y un 40% en función de si los ingresos proceden de rentas de trabajo, si se trata de un beneficiario individual o una unidad de convivencia, o de la existencia de menores a cargo, unidades de convivencia que merecen un mayor grado de protección. Por fin. Si el importe adicional de las rentas de trabajo supera la cuantía de la renta garantizada de la unidad de convivencia, no se excluirá del cómputo para el cálculo del ingreso mínimo vital y, por ende, sería motivo para la suspensión o extinción del IMV.

190. Con referencia a esa doble modalidad de prestación y su significado, cfr. LÓPEZ LÓPEZ, J.: *«La pluriactividad y el pluriempleo: historia de un desencanto»*. Revista Española de Derecho del Trabajo, Nº 61, 1993, págs. 773-778.

En relación con la existencia de límites en cuanto al número de miembros que aporten rentas de trabajo a la unidad de convivencia, también aquí el régimen jurídico da pie a pensar que existe una amplia permisibilidad, desde luego, puede prestar servicios retribuidos el solicitante, así como cualquier otro integrante de la unidad de convivencia. Cuestión distinta será la sumatoria de todas esas rentas que, en su caso, si superaran los umbrales de protección puede desencadenar la suspensión o extinción de la prestación del ingreso mínimo vital.

2.2. LOS CONDICIONANTES DE LA COMPATIBILIDAD ENTRE RENTAS DE TRABAJO E IMV: COMPATIBILIDAD Y EXENCIÓN DE CÓMPUTO DE LAS RENTAS DE TRABAJO

Es un dato incontrovertido que la combinación de rentas procedentes de las pensiones públicas y de las rentas procedentes del trabajo se ha ido abriendo paso en los últimos años y, de hecho, la posibilidad de percibir rentas derivadas del trabajo, cuando a la vez se viene percibiendo una prestación de la seguridad social, se ha extendido en algunas prestaciones y, de ello, ha dado buena cuenta la doctrina científica en los últimos años[191], incluso en materia de desempleo parcial, cuando éste y las rentas procedentes del trabajo traen causa de una jornada parcial, desde el inicio del contrato, o de una reducción de jornada sobrevenida de un contrato de trabajo a tiempo completo[192] y, asimismo, esta extensión de la compatibilidad entre prestaciones de la seguridad social y las rentas del trabajo también se había trasladado al campo de las prestaciones por desempleo mediante una propuesta de modificación del art. 282 del RDL LGSS 2015[193], mediante la aprobación de un Real Decreto Ley, que finalmente no fue convalidado por el Congreso de los Diputados.

---

191. Cfr. VIVERO SERRANO, J.B.: «*La compatibilidad entre la pensión de jubilación y el trabajo a título lucrativo: Todo por el envejecimiento activo*». Documentación Laboral, núm., 103, 2015, Vol. I, págs. 117 a 128 y la doctrina allí citada.

192. Cfr. TORTUERO PLAZA, J.L.: «*El trabajo a tiempo parcial vertical y su influencia en la protección por desempleo*». Estudios ofrecidos a María Emilia Casas Baamonde con motivo de su investidura como doctora honoris causa por la Universidad de Santiago de Compostela (Directores Francisco Javier Gárate Castro, Yolanda Maneiro Vázquez José María Miranda Boto ed. Lidia Gil Otero). Servicio de Publicaciones de la Universidad de Santiago de Compostela, Santiago de Compostela. 2020, págs. 711-717.

193. Modificación del art. 282 LGSS 2015 efectuada por el artículo segundo, apartado once, que efectuaba el Real Decreto-ley 7/2023, de 19 de diciembre y que vio imposibilitada su aplicación por la falta de mayorías suficientes para su convalidación en el Congreso de los Diputados, aunque no es descartable su renovada incorporación en un futuro próximo. En la norma extraordinaria de 19 de diciembre de 2023, se incorporó, por primera vez, el denominado «*complemento de apoyo al empleo*» que lo percibirían quienes hubieran accedido al subsidio por desempleo, manteniendo uno o varios contratos a tiempo parcial, así como quienes siendo beneficiarios del subsidio por desempleo o del subsidio de mayores de 52 años se reincorporen al mercado laboral, ya sea porque pasen a estar contratados a tiempo completo o a tiempo parcial. En estos casos, el subsidio se convertirá en un complemento de apoyo al empleo, complemento con una duración máxima de 180 días.

Sin duda esta concurrencia de rentas de subsidio y salario está aún más justificada en relación con la compatibilidad de las rentas procedentes de trabajo a los perceptores del ingreso mínimo vital pues esas rentas se convierten en una exigencia lógica para superar la contingencia que origina el reconocimiento del IMV y remover obstáculos para acceder a su inclusión social y, sin duda, la integración del mercado de trabajo es uno de los parámetros más relevantes.

Asimismo, la Comisión de Seguimiento y Evaluación de los Acuerdos del Pacto de Toledo también consideró que había *«que introducir esquemas de mayor permeabilidad y convivencia entre la vida activa y pasiva, que permitan e incrementen la coexistencia de salario y pensión. Resulta adecuada, en la misma línea que otros países de nuestro ámbito, una mayor compatibilidad entre percepción de la pensión y percepción de salario por actividad laboral, hoy muy restringida y que no incentiva la continuidad laboral»* [194].

Lógicamente, esa permeabilidad o la exclusión de las rentas de trabajo con la percepción de pensiones públicas encuentra distinto fundamento según cual sea la propia evolución del mercado de trabajo cuando pretende acelerar la sustitución de trabajadores maduros por trabajadores jóvenes, impidiendo que los maduros puedan seguir trabajando cuando ya perciben prestaciones públicas o, por el contrario, como sucede actualmente, cuando el sistema ha de imaginar fórmulas que permitan retrasar la edad de retiro y, a la vez, puedan seguir complementando sus ingresos con la percepción de rentas de trabajo [195].

En cambio, otro orden de razones y parámetros son los que explica la indudable apuesta por la compatibilidad del IMV con las rentas de trabajo pues, a sabiendas que el monto anual de la cuantía que se puede percibir, procedente de la prestación con contributiva, no va a revertir la situación de exclusión social y ésta sí se podría superar estableciendo un estatuto jurídico favorecedor de un persistente período de acumulación de rentas de trabajo junto a las procedentes del propio ingreso mínimo vital.

En cuanto a la técnica jurídica empleada por el legislador para desarrollar las previsiones del art. 11.4 LIMV [196], se ha optado por una genérica declaración de

---

194. Informe de la Secretaría de Estado de la Seguridad Social de seguimiento de las recomendaciones de la Comisión no Permanente del Pacto de Toledo aprobadas por el pleno del Congreso de los Diputados en su sesión de 25 de enero de 2011, en página electrónica https://www.congreso.es/docu/comisiones/PactTole/153_000001_0000.pdf (Visitada el día 18 de julio 2023).
195. Sobre la promoción de la percepción de rentas procedentes de la actividad profesional y, a la vez, la percepción de la pensión de jubilación. Esta cuestión se puede consultar el estudio de RIVERA HOYOS, A.: *«La jubilación activa y el trabajo autónomo»*, en página electrónica https://repositorio.comillas.edu/xmlui/bitstream/handle/11531/59557/TFG-%20RIVERA %20HOYOS%2C%20ANA.pdf?sequence=-1&isAllowed=y, especialmente, páginas 5-10 (visitada el 18 de julio de 2023).
196. Cfr. En la exposición de motivos del Real Decreto 785/2022, de 27 de septiembre (BOE 28 de septiembre de 2022).

«compatibilidad» en el art. 1.1 del RD 789/2022, de 27 de septiembre que, en realidad, se precisa su significado y alcance en el siguiente párrafo, afirmando que la compatibilidad consiste en la exención de cómputo de las mencionadas rentas de trabajo, a los efectos de la determinación de la situación de «vulnerabilidad económica», tanto de la persona solicitante, como de las rentas de trabajo procedentes de cualquier otro miembro de la unidad de convivencia. En otras palabras, el tratamiento especial reservado a las rentas del trabajo se manifiesta, no sólo en la válida acumulación de las rentas del trabajo con la percepción del IMV sino que, además, la cuantía de los ingresos procedentes del trabajo o del ejercicio de una actividad económica por cuenta propia no se computa para la determinación de la situación de «vulnerabilidad económica» y, por ende, tampoco a los efectos de la determinación de la cuantía reconocida en concepto de IMV que corresponda percibir al solicitante.

2.3. LA DINÁMICA DE LA EXENCIÓN DEL CÓMPUTO DE RENTAS PROCEDENTES DEL TRABAJO: FAMILIAS MONOPARENTALES Y PRESENCIA DE MENORES EN LA UNIDAD DE CONVIVENCIA

En cuanto a los parámetros que delimitan la exención de cómputo de las rentas procedentes del trabajo, es preciso resaltar lo siguiente: en primer lugar, se fomenta la percepción de rentas de trabajo a las unidades de convivencia que existan menores de edad respecto de aquéllas que todos los integrantes son mayores de edad. Específicamente, en relación con las unidades de convivencia con menores de edad, se refuerza la exención de rentas de trabajo donde solo hay un adulto (familias monoparentales) frente a los que tienen dos o más adultos.

En segundo lugar, se fomenta, mediante una prolongación en el tiempo de la exención de cómputo de las rentas de trabajo, a aquellas unidades de convivencia que carecían de rentas de trabajo y comienzan a incorporar dichas rentas con la realización de actividades por cuenta propia o por cuenta ajena. En cambio, no se brinda esa prolongación extraordinaria de la exención del cómputo de las rentas del trabajo, respecto de aquellos hogares en los que, aun incrementando los ingresos originados por el ejercicio de actividades económicas o laborales de sus integrantes, tal incremento de rentas trae causa de contratos de trabajo o de actividades económicas preexistentes o ya realizadas con anterioridad.

Siguiendo lo expuesto en la exposición de motivos del Real Decreto sobre rentas de trabajo e IMV y, como consecuencia de los parámetros expuestos, todo ello se traduce en una combinación de supuestos que contiene hasta dieciocho posibilidades de incentivo de la exención del cómputo de las rentas del trabajo: por una parte, el reconocimiento de tres tipos de unidades de convivencia, esto es, aquéllas que están integradas únicamente por personas adultas; otro tipo de unidad compuesta por una persona adulta con un menor o varios menores y, por fin, aquellas unidades de convivencia más de una persona adulta con un menor o varios menores.

En cuanto al distinto tratamiento ofrecido, según la prexistencia o inexistencia de rentas procedentes del trabajo o de la actividad económica, se observa dos tipos de incremento en la oferta laboral, siendo un margen más extendido de acumulación de rentas del trabajo en el tiempo si no existían rentas previas de trabajo y, por otro lado, un período temporal más reducido si únicamente se ha producido un incremento cuantitativo de las rentas del trabajo.

Finalmente, se puede constatar la presencia de tres tramos de importes ya expuestos anteriormente del incremento de ingresos del trabajo o de la actividad económica con el ingreso mínimo vital. En definitiva, como ha afirmado la doctrina que se ha ocupado de la cuestión, «*se desprende que el mecanismo establecido se ha graduado de manera que el incentivo sea más alto para quienes salgan de una situación de desempleo, para los hogares con menores a su cargo, para las familias monoparentales, para los hogares con menores a su cargo y para unidades de convivencia con personas con discapacidad*»[197].

2.4 UN TRATAMIENTO RESTRICTIVO PARA LOS INGRESOS PROCEDENTES DEL RESCATE DE LOS PLANES DE PENSIONES

Como es sabido, el abanico de contingencias que facultan el rescate total parcial de un plan de pensiones se ha ampliado durante los últimos años y, por tanto, permiten proceder al rescate de un plan de pensiones[198], cualquiera que sea la modalidad de plan de pensiones individual o de empleo[199]: rescate en forma de capital, rescate en forma de renta, rescate en forma mixta y rescate vitalicio. La mayoría de los rescates de planes de pensiones que se solicitan se acogen al supuesto de jubilación, una de las contingencias que permiten la liquidez de estos productos, pero no es la única contingencia posible. En efecto, existe otras contingencias posibles como los grados más incapacitantes de la prestación de incapacidad permanente, incluso las situaciones de desempleo

---

197. Cfr. La valoración y el cuadro descriptivo de los porcentajes y plazos en CHABANNES, M.: «*El ingreso mínimo vital y el desafío de incentivar al empleo: A propósito del R.D. 789/2022*», en la página electrónica, https://www.aedtss.com/el-ingreso-minimo-vital-y-el-desafio-de-incentivar-al-empleo-a-proposito-del-rd-789-2022/ (Visitada el 23 de julio de 2023).
198. Cfr. Real Decreto 62/2018, de 9 de febrero, por el que se modifica el Reglamento sobre la instrumentación de los compromisos por pensiones de las empresas con los trabajadores y beneficiarios, aprobado por el Real Decreto 1588/1999, de 15 de octubre, y el Reglamento de planes y fondos de pensiones, aprobado por el Real Decreto 304/2004, de 20 de febrero, incluso durante el periodo de pandemia, la situación de ERTE durante el periodo de pandemia de COVID1-9 se contempló como posible causa de rescate.
199. Asimismo, las cantidades percibidas en los supuestos contemplados en el artículo 8.8 del texto refundido de la Ley de Regulación de los Planes y Fondos de Pensiones, aprobado por el Real Decreto Legislativo 1/2002, de 29 de noviembre (RCL 2002, 2909), esto es, los planes de pensiones de empleo, tendrán el mismo tratamiento fiscal que las prestaciones de los planes de pensiones individuales.

que, desde luego, puede ser la manifestación de una situación de «vulnerabilidad económica» como contingencia protegida por el ingreso mínimo vital. De ahí que, la raíz de esta controversia descansa en un discutible entendimiento derivado del distinto tratamiento fiscal entre los planes de pensiones individuales y de los llamados planes de empleo.

En relación con los planes individuales, los ingresos procedentes de un plan individual constituyen un patrimonio indisponible hasta que se produce la contingencia prevista, coincidente con la percepción del complemento a mínimo, que al ser rescatados se convierten las aportaciones y los intereses en un incremento patrimonial del beneficiario de la Seguridad Social[200].

En cambio, la conclusión podría ser distinta si se considera los llamados planes de empleo en los que las principales aportaciones las realiza el empresario, en su condición de promotor, siendo considerado como si se tratara de un salario diferido o indirecto que se abona cuando se produce la contingencia prevista por el propio Plan.

Sin embargo, la doctrina unificada y ampliamente repetida no duda en afirmar que los beneficios producidos por el rescate los planes de pensiones han de incorporarse como el equivalente a un rendimiento del trabajo y han de contabilizar, en la misma medida que la cuantía del rescate, en el año de su percepción, *«sin dividirse por el número de años de su percepción...»*[201].

En resumidas cuentas, como se advierte en estas sentencias, el importe obtenido por rescate de Plan de Pensiones ha de considerarse renta y contabilizarse en el año de su percepción, siendo así que el patrimonio de la unidad familiar se incrementa con un elemento nuevo, no sustitutorio de otro anterior, consistente en el importe del Plan de Pensiones que el beneficiario ha optado por recibir en la modalidad de «prestación en forma de capital» [art. 8.5. R.D. Legislativo 1/2002, de 29 de noviembre, por el que se aprueba el Texto Refundido de la Ley de Regulación de los Planes y Fondos de Pensiones (BOE 13/12/2002)]; y ese importe constituye, en la normativa rectora de las pensiones no contributivas, un ingreso de naturaleza prestacional «equiparable a renta de trabajo» [art. 10 del RD 304/2004] que sí es computable para determinar el nivel de la unidad económica de convivencia. De otro lado, el referido ingreso no puede considerarse renta irregular, aunque así lo disponga el art. 28.2 de la R.D. Legislativo 1/2002 a los efectos del IRPF [art. 57], porque es doctrina unificada de la Sala Cuarta [STS 17/09/01 RCUD 2717/00 Ar. 8087] que la calificación que

---

200.   Cfr. STS de 15 de junio de 2009 (RJ 2009\4284).
201.   Cfr. SSTS de 16 de mayo de 2003 (Rec. 2238/2002); 13 de octubre de 2003 (Rec. 4258/2002); 11 de octubre de 2005 (Rec. 3399/2004); 20 de febrero de 2007 (Rec. 4025/2005) y 16 de noviembre de 2010 (Rec. 1125/2010).

proceda a efectos impositivos *«no trasciende a otros campos del Derecho y, concretamente, al de la Seguridad Social»*[202].

Por ello, resulta llamativo que entre los escasos pronunciamientos que se han dictado en materia de ingreso mínimo vital, precisamente, cuando uno de los posibles ingresos sea la cuantías resultantes de un rescate de un plan de pensiones, en su modalidad de empleo, la doctrina de suplicación es proclive a su calificación como renta de trabajo, se insiste aunque proceda originariamente de una aportación empresarial, y la cuantía percibida se acumula al resto de los ingresos superando el umbral de renta protegible y determinante de la denegación del IMV, a pesar de que la regulación originaria del RDLIMV de 2020 (art. 8.4 RDLIMV) mantuviera una redacción con una identidad sustancial respecto de la LIMV de 2021 (art. 11.4 LIMV).

En este sentido, en un supuesto ya resuelto, aunque pendiente de recurso unificador, resulta evidente que el rescate del plan de pensiones por la beneficiaria del IMV, en el año 2020, con un ingreso de 6.499,17 euros, tiene la consideración de rendimientos de trabajo, y por tanto es una renta computable superior en más de 10 euros, a la cuantía mensual de la renta garantizada con la citada prestación, que ascendía en el supuesto presente a 5.639,16 euros; *«debiendo computarse de forma genérica tal ingreso, incluso aunque le fuera embargado a la actora, y puesto a disposición del acreedor de aquélla, como consecuencia de una deuda preexistente, ya que lo contrario supondría que cualquier ingreso percibido por la trabajadora, sujeto a embargos por distintas causas, podrían desaparecer del haber de aquella, y otorgar automáticamente un derecho al ingreso mínimo vital; lo cual no parece lo pretendido por la norma, cuya finalidad es atender a situaciones especiales de vulnerabilidad económica»*[203].

Se trata aquí de un ingreso, que se materializó en el momento del rescate y del acceso a la prestación del plan de pensiones; no siendo este uno de los supuestos exceptuados del cómputo que contiene el precepto anteriormente reproducido. Consecuentemente, a juicio de la doctrina de suplicación, aunque fuera embargada y consignada en la correspondiente del juzgado que embarga y, por consiguiente, la norma de aplicación tan solo permite, a la hora de determinar si concurre la vulnerabilidad económica exigida para lucrar el Ingreso Mínimo vital, tener en cuenta el *«conjunto de ingresos y rentas anuales computables del beneficiario»* en los términos establecidos en el artículo 18; y solo si estos son inferiores, al menos en 10 euros, a la cuantía mensual de la renta garantizada con esta prestación que corresponda, procederá reconocer la citada prestación; y en el supuesto aquí analizado, en la declaración de IRPF de la actora

---

202. Cfr. Auto de inadmisión de recurso de casación para la unificación de doctrina de la Sala de lo Social del Tribunal Supremo de 19 de febrero de 2014 (Rec. 1210/2013), en razonamiento jurídico PRIMERO.
203. Tomado del tenor literal de la Sentencia de la Sala de lo Social del Tribunal Superior de Justicia de la Comunidad de Madrid, sección 5ª, de 19 de diciembre de 2022 (Rec.355/2022).

consta con rotundidad la percepción como rendimientos de trabajo de renta computable, y careciendo de relevancia el destino que finalmente hubiera podido darse a dichos ingresos[204], esto es, se deja sin motivar cuál es el razonamiento por el que no se procede a la exención de cómputo de dichas rentas de trabajo, de conformidad con la normativa vigente en el año 2020, con independencia de la circunstancia extraña de que, precisamente, esas rentas ya habían sido consignadas y ulteriormente embargadas por la autoridad judicial por deudas preexistentes.

3. LAS REGLAS DE CÓMPUTO DE LAS RENTAS DE TRABAJO Y RENTAS EXCLUYENTES DEL IMV

3.1. EL PRORRATEO ANUAL Y SALARIOS NETOS

Para la aplicación del importe exento al que se refiere el artículo 1.2 se tomarán en consideración los incrementos procedentes de rentas de trabajo o de la actividad económica por cuenta propia que se hayan producido en los dos ejercicios fiscales previos al año de la revisión del ingreso mínimo vital. Los datos necesarios para calcular los incrementos procedentes de rentas de trabajo o de la actividad económica, serán comunicados por la Agencia Estatal de Administración Tributaria o, en su caso, las Haciendas Forales a la entidad gestora.

A los efectos del reconocimiento del ingreso mínimo vital, el cómputo de las rentas y del patrimonio de la unidad de convivencia se convierte en una cuestión central y, especialmente, qué reglas proporciona el régimen jurídico del IMV para determinar el importe exacto de rentas y bienes que se deben tomar en consideración para fijar si la situación patrimonial supera, o no, el umbral de renta disponible al que se dispensa el reconocimiento de la prestación no contributiva.

En este sentido, una primera cuestión sobre la que merece detener la atención es si los ingresos procedentes de las rentas de trabajo o del ejercicio de la actividad económica deben computarse como con la cuantía íntegra o descontando los gastos imprescindibles para la obtención de dichos ingresos, esto es, si deben computarse rentas de trabajo brutas o netas.

Afortunadamente, tanto el original Real Decreto Ley como la vigente Ley del ingreso mínimo vital prevén las reglas de cálculo. En concreto, el art. 20.3 LIMV establece que *«para la determinación de los rendimientos mensuales de las personas que forman la unidad de convivencia se computa el conjunto de rendimientos o ingresos de todos los miembros, de acuerdo con lo establecido en la Ley 35/2006, de 28 de noviembre, del Impuesto sobre la Renta de las Personas Físicas... y a la suma de ingresos detallados anteriormente se restará el importe del Impuesto*

---

204. Cfr. Sentencia de la Sala de lo Social del Tribunal Superior de Justicia de la Comunidad de Madrid, sección 5ª, de 19 de diciembre de 2022 (Rec.355/2022).

sobre la renta devengado y las cotizaciones sociales». Desde luego, este precepto resulta aplicable tanto para los ingresos procedentes del trabajo por cuenta ajena como los ingresos procedentes por el ejercicio de la actividad económica, tanto que ordena que la determinación de la renta disponible de cada unidad de convivencia sea aquélla que resulta de descontar las cotizaciones sociales o cuotas de la seguridad social, cualquiera que sea el régimen de seguridad social al que pertenezca, y los correspondientes pagos a cuenta del impuesta sobre la renta de las personas físicas.

Por ello, asiste la razón cuando se afirma que, conforme al art. 20.3.3, párrafo segundo, último inciso de la Ley del IMV, el importe de los rendimientos de trabajo a ponderar es el resultante de restar al ingreso bruto, las deducciones fiscales y las cuotas a seguridad social, así como cualquier otro gasto necesario para la obtención de ingreso, especialmente en los ingresos procedentes del ejercicio de actividades productivas realizadas por cuenta propia[205].

3.2. LA EXCLUSIÓN DEL CÓMPUTO DE LAS INDEMNIZACIONES POR EXTINCIÓN DEL CONTRATO DE TRABAJO

En cuanto a la incorporación o exclusión de la indemnización derivada de la extinción del contrato de trabajo como una más de las rentas de trabajo, a los efectos de que sean computables en de la unidad de convivencia, ésta ha sido una cuestión preterida en el extenso listado de tipologías de rentas que deben ser computables. Este silencio del legislado origina un problema interpretativo porque, desde luego, sería sencillo admitir que la extinción de un contrato de trabajo en alguno de los integrantes de la unidad de convivencia pueda ser, precisamente, el desencadenantes o ahondar más en la presencia de la contingencia de vulnerabilidad económica y, por consiguiente, a pesar de que el legislador del IMV no haya previsto esta situación, el operador jurídico va a requerir algún tipo de razonamiento que ofrezca una razonable seguridad jurídica sobre esta cuestión. Es más, en el listado de rentas exentas de cómputo se excluye el apartado que, en la Ley 35/2006, de 28 de noviembre, el apartado e) del art.7 contempla los supuestos de indemnización por extinción del contrato de trabajo.

Afortunadamente, en la unidad del ordenamiento jurídico, en aquel sector del ordenamiento que se regula el régimen jurídico tributario de los ciudadanos, sí se ofrece una previsión sobre el tratamiento de las indemnizaciones derivadas del contrato de trabajo, a los efectos de la determinación de su condición de renta a efectos fiscales y, ante la ausencia de pronunciamiento que curiosamente no o contempla, en mi opinión, se debe extender los efectos relativos de su condición de renta para que, a los efectos de la determinación del umbral de renta protegible no se compute tales indemnizaciones.

---

205. Cfr. Sentencia de la Sala de lo Social del Tribunal Superior de Justicia de la Rioja de 30 de junio de 2022 (Rec. 143/2022).

En efecto, la indemnización por extinción del contrato de trabajo se considera un rendimiento del trabajo, debiendo tributar en el IRPF como un ingreso más del trabajador como consecuencia de su relación laboral con la empresa. Sin embargo, esta normativa fiscal establece determinadas situaciones en las que las indemnizaciones estarán exentas de tributar, aunque el trabajador siempre estará obligado a comunicar a la Agencia Tributaria el importe que ha recibido de la empresa.

Así, en el art. 7, apartado e) de la Ley del IRPF se indica cuáles son algunas de las rentas que están exentas de tributar y, expresamente, se afirma que *«e) Las indemnizaciones por despido o cese del trabajador, en la cuantía establecida con carácter obligatorio en el Estatuto de los Trabajadores, en su normativa de desarrollo o, en su caso, en la normativa reguladora de la ejecución de sentencias, sin que pueda considerarse como tal la establecida en virtud de convenio, pacto o contrato».*

Finalmente, como ahondando en el carácter relativo de esa exclusión de cómputo, se afirma que *«el importe de la indemnización exenta a que se refiere esta letra tendrá como límite la cantidad de 180.000 euros».*

En conclusión, si la indemnización que recibe el trabajador es únicamente la que el Estatuto impone como obligatoria (por un despido improcedente o por un despido objetivo), o la recibe por una sentencia judicial tras impugnar su despido, no tiene que tributar por ella mientras que no supere los 180.000 euros y no tendría que computarse para determinar la renta de la unidad de la convivencia. Por el contrario, si la indemnización supera esos umbrales desde luego, quedaría descartado que ni el solicitante, ni la unidad de convivencia estuvieran en una situación de vulnerabilidad económica y, por ende, no ha de solicitar ni reconocerse una prestación no contributiva como el IMV. Ni siquiera en los supuestos de que el pago de la indemnización.

Cuestión distinta, sería la existencia de pactos entre el trabajador y el empresario para obtener una indemnización mediante un acuerdo mutuo, con más o menos indicios de fraude de ley, en el que la empresa paga indemnización y finiquito y el trabajador no reclama. Es frecuente, por ejemplo, en los casos en los que el trabajador pide a la empresa que le despida y «arregle los papeles» para poder cobrar el paro (en fraude de ley) y se pacta la indemnización por un despido improcedente.

En estos casos, en opinión de las prácticas seguidas por la Agencia Tributaria, si la empresa entrega el finiquito y la indemnización al trabajador y este no reclama poniendo la papeleta de conciliación, la Hacienda Pública entiende que hay un pacto entre trabajador y empresario y exigir que toda la indemnización, desde el primer euro, en opinión de indemnización y la indemnización derivada del contrato de trabajo se uniría al resto de los ingresos procedentes de las rentas del trabajo, impidiendo en su caso el reconocimiento del IMV[206].

Por último, a juicio de algún sector doctrinal especializado en el área fiscal, se considera renta las indemnizaciones procedentes de la extinción de los contratos de trabajo de duración determinada porque no se deben considerar «indemnización por despido». En estos casos el trabajador tiene derecho a recibir una indemnización al terminar su contrato y ésta no está exenta porque no es un caso de despido. Es decir, en estas indemnizaciones hay que tributar en el IRPF[207].

En mi opinión, olvida esta doctrina fiscal que la exención se extiende no sólo a los supuestos de despido sino, también, a las derivadas del «cese del trabajador» que da cabida a las decisiones extintivas procedentes del empresario y a otras causas válidamente consignadas en el contrato de trabajo que lleven aparejada una indemnización de cuantía inferior a la prevista en el art. 7 e) de la Ley 35/2006, de 28 de noviembre.

---

206. En respuesta a consulta vinculante ante la Dirección General de Tributos, consulta de la D. G. de Tributos V4719-16, de fecha 08/11/2016, anterior a la entrada en vigor de la normativa reguladora del IMV se ha afirmado: *«Por lo que para declarar la exención de las indemnizaciones por despido será necesario que el reconocimiento de la improcedencia del despido se produzca en el acto de conciliación ante el Servicio de Mediación, Arbitraje y Conciliación (SMAC) o bien mediante resolución judicial.»*

207. Una interesante aportación sobre esta cuestión que pretende aclarar la inseguridad jurídica que originó la aprobación de la Ley 45/2002, se puede consultar DE LORENZO GIL, L.: *«Indemnizaciones por despido exentas (el párrafo 2º. del artículo 7 e) del texto refundido de la Ley del IRPF».* Estudios financieros. Revista de contabilidad y tributación: Comentarios, casos prácticos, Nº 259, 2004, págs. 77-94.

La concurrencia del ingreso mínimo vital con las ayudas públicas y subvenciones finalistas

SUMARIO: 1. POR UN TRATAMIENTO HOMOGÉNEO DE LAS AYUDAS Y SUBVEN-CIONES. 2. LA DINÁMICA DEL CÓMPUTO DE AYUDAS Y SUBVENCIO-NES PÚBLICAS A LOS EFECTOS DEL RECONOCIMIENTO DEL INGRESO MÍNIMO VITAL. 3. LA PROBLEMÁTICA SINGULAR DE LAS AYUDAS PÚBLICAS PARA LA REHABILITACIÓN DE LAS VIVIENDAS. 4. AYUDA EXTRAORDINARIA Y ÚNICA DEL ESTADO QUE SÍ INCRE-MENTA LA CAPACIDAD ECONÓMICA DEL BENEFICIARIO.

1. POR UN TRATAMIENTO HOMOGÉNEO DE LAS AYUDAS Y SUBVENCIONES

En el ámbito de las prestaciones no contributivas, aquéllas que efectúan un control anual de rentas para asegurar la persistencia de la contingencia económica que da pie al reconocimiento de la prestación, sería deseable que existiera un criterio unívoco que dispensara el mismo tratamiento, a los efectos del reconocimiento y revisión de este tipo de prestaciones, que se concede a beneficiarios y unidades de convivencia que se mantienen en los umbrales de las definiciones técnicas de vulnerabilidad económica.

En primer lugar, sería una tarea del legislador para que existiera una tipificación de la tipología y cuantía de estas ayudas públicas que percibe el beneficiario de esta prestación no contributiva, y que se revisa su situación económica periódicamente, para comprobar la persistencia de la contingencia económica y el ciudadano pudiera calibrar la aceptación, o no, de este tipo de ayudas.

Asimismo, como mensaje dirigido a los juzgados y tribunales, sería deseable que los criterios aplicativos mantenidos en materia de subvenciones, ayudas públicas, exenciones de tasas, si ya existieron con ocasión del reconocimiento y revisión de las prestaciones no contributivas, se mantuvieran esos mismos principios generales en cuanto a la entrada en vigor del ingreso mínimo vital.

Por último, estas ayudas públicas que pueden, aparentemente, hacer desaparecer la situación de vulnerabilidad económica por la entrada de ingresos o subvenciones en el patrimonio del beneficiario deberían producir un verdadero enriquecimiento en el patrimonio. No basta que se produzca el reconocimiento de la ayuda económica, sino que, ésta ha de ocasionar un impacto al alza de la capacidad económica y, además, afecte a un tipo de prestación que no esté excluido del cómputo de rentas. Por eso, resulta inapropiado considerar que las ayudas, cualquiera que sea su finalidad, a la vivienda habitual se computen como un ingreso computable. En esta ocasión, como se verá más adelante, incomprensiblemente el legislador no ha tomado en consideración la doctrina de suplicación y de alguna sentencia de casación que aportaba suficiente argumentación para que las ayudas relacionadas con la vivienda fueran excluidas del cómputo para el reconocimiento y renovación de la prestación del ingreso mínimo vital, generando una litigiosidad y perjuicio innecesario a estos ciudadanos.

2. LA DINÁMICA DEL CÓMPUTO DE AYUDAS Y SUBVENCIONES PÚBLICAS A LOS EFECTOS DEL RECONOCIMIENTO DEL INGRESO MÍNIMO VITAL

Una de las principales cuestiones que marcan las relaciones entre el ingreso mínimo vital y el resto de rentas consiste en determinar si éstas deben integrarse en el cómputo de los ingresos y en la determinación del valor del patrimonio de la unidad de convivencia a los efectos de determinar si se superan, o no, los umbrales de la renta garantizada y, por ende, si procede el reconocimiento o la denegación del IMV; o el incremento o minoración de la cuantía de esta prestación.

Es preciso resaltar que aquí no se trata de una cuestión de compatibilidad o incompatibilidad entre el ingreso mínimo vital y esta variada tipología de ayudas públicas sino si éstas que, seguramente, ya fueron reconocidas y consumidas por el beneficiario, han de considerarse como un incremento de su patrimonio que eleva teóricamente la capacidad económica del beneficiario del IMV hasta minorar e incluso hacer decaer el derecho a percibir tal prestación no contributiva.

Desde luego, la problemática acerca de la consideración de estas ayudas o subvenciones públicas es bien conocida en el campo de la seguridad social pues, de forma repetida, es una cuestión que ya ha ocasionado conflictos en otras prestaciones no contributivas y en los llamados complementos a mínimos de las pensiones públicas y, afortunadamente, la doctrina fiscal[208] y en algunas sentencias de juzgados y tribunales han ido elaborando una posición jurídica al res-

---

208. En relación con el tratamiento de estas rentas y ayudas públicas, en relación con el impuesto de la renta de las personas físicas, algún sector de la doctrina científica que se ocupa del campo de conocimiento del Derecho fiscal ha afirmado en el sentido de su excluir su cóm-

pecto con anterioridad a la entrada en vigor de la primera versión del ingreso mínimo vital[209].

Además de todo ello, una cuestión que complica una respuesta unívoca sobre esta cuestión es la variada origen, naturaleza y destino finalista que se persiguen con la concesión de cada una de estas ayudas públicas, variedad que se manifiesta desde la concesión de ayudas de asistencia social por parte de los entes locales, subvenciones para la adquisición y rehabilitación de vivienda, ayudas de estudios etc., circunstancia que ha originado diversas decisiones administrativas y jurisdiccionales difíciles de cohonestar entre sí junto a una modificación del marco normativo efectuada en la regulación del IMV.

Esta ausencia de un criterio unitario en el tratamiento de las distintas prestaciones del sistema de la seguridad social ha tenido su reflejo en la regulación del ingreso mínimo vital pues, ciertamente, fueron cuestiones expresamente previstas en la regulación del ingreso mínimo vital, aunque, al mismo tiempo, ha sido una materia sobre la que han efectuado sucesivas reformas en el tiempo con un significado y alcance difícil de cohonestar entre sí.

Por una parte, el RDLIMV en el apartado e) del art. 18 estipulaba que se exceptuaban del cómputo de rentas «*Las prestaciones y ayudas económicas públicas finalistas que hayan sido concedidas para cubrir una necesidad específica de cualquiera de las personas integrantes de la unidad de convivencia, tales como becas o ayudas para el estudio, ayudas por vivienda, ayudas de emergencia, y otras similares*». Posteriormente, el vigente art. 20.1.f) LIMV ofrece una redacción diferente que, en lo atinente a las subvenciones y otras ayudas públicas señalando que se exceptuarán del cómputo de rentas las «*Ayudas para el estudio y las ayudas de vivienda, tanto por alquiler como para adquisición*».

Como se puede comprobar, la reforma del legislador de 2021 mantiene coincidencias en algunos aspectos y, en cambio, en otros se aparta es sustancialmente distinta de la del legislador extraordinario del año 2020. Por una parte, en relación con las coincidencias, persiste su ubicación sistemática pues el tra-

---

puto a los efectos del cálculo de la capacidad económica que «*La exención tributaria de estas prestaciones públicas, cuyo reconocimiento no está condicionado a la escasez de recursos económicos, aunque no pueda justificarse con fundamento en el principio de capacidad económica, en el caso de indemnizaciones, gratificaciones y subvenciones públicas, podría justificarse en aras de la coherencia interna del ordenamiento jurídico. Por la misma razón, para evitar una reducción de la transferencia de recursos que otra norma jurídica ha reconocido a una persona, también se encuentra justificada su exclusión para la medición de la capacidad económica de las personas beneficiarias del ingreso mínimo vital*». Cfr. GONZÁLEZ ORTIZ, D.: «*Una reflexión sobre la necesidad de coordinación dl derecho tributario y el derecho social*». Revista española de Derecho financiero, núm. 194, 2022 (consultado en base de datos westlaw BIB 2022\1676).

209.   Cfr. Por todas, siendo la única sentencia de casación para la unificación de doctrina, la que se ha ocupado de esta cuestión, TS (Sala de lo Social, Sección 1ª) Sentencia de 6 abril 2009 (Rec. 3006/2008).

tamiento jurídico otorgado a estas ayudas y subvenciones públicas se asocia con la dinámica de la prestación, esto es, con las reglas de cómputo de los ingresos y el patrimonio de la unidad de convivencia para determinar cuál es la renta garantizada que le corresponde.

Al margen de esta coincidencia sistemática entre las normas, el tenor literal de la norma nueva, esto es, el art. 20.1.f) LIMV resulta ser muchos más restrictivo que el precepto existente en la norma anterior. De una sencilla comparación del tenor literal de uno y otro apartado, se aprecia que, a diferencia de la norma derogada que excluía del cómputo a cualquier prestación y ayuda pública finalista, la regulación de la norma vigente sólo excluye de los ingresos y patrimonio las ayudas para el estudio y las ayudas de vivienda para el alquiler y la adquisición, dejando fuera precisamente a las ayudas relacionadas más extendidas como son las ayudas para la rehabilitación de viviendas que, de este modo, sí que deberían incluirse en el cómputo de los ingresos y patrimonio de la unidad de convivencia a los efectos de determinar la renta garantizada.

Este súbito cambio de criterio del legislador no ha sido explicado, desde luego, en la Exposición de Motivos de la norma parlamentaria que reproduce prácticamente el mismo preámbulo que el aprobado no se incluye referencia alguna a esta relevante modificación de la redacción del art. 20.1.f) LIMV que, en mi opinión, debería ser revisada.

Queda en el aire qué tratamiento que merecen otras ayudas, reguladas en otros apartados de la Ley 19/2021, de 20 de diciembre, en concreto, Se está haciendo referencia, en la mencionada a la Disposición adicional séptima sobre exención del pago de precios públicos por servicios académicos universitarios y a la disposición adicional octava sobre exención del pago de precios públicos por expedición del Documento Nacional de Identidad a menores de 14 años.

Tal vez, las referidas en la disposición adicional séptima, sobre la exención del pago de precios públicos por las denominadas «tasas universitarias» se deberían subsumir entre las establecidas en el art. 20.1 f) que expresamente se refiere a las ayudas de estudio. En efecto, la exención del pago de las tasas universitarias constituye una modalidad de ayuda al estudio de ciclo superior y, por tanto, también debería queda exenta del cómputo como una ayuda específica a un determinado ciclo de estudios oficiales[210]. En cambio, resulta más difícil pronunciarse sobre la ayuda pública, prevista en la disposición adicional octava de la Ley 19/2021, consistente en la exención del pago de tasas en la expedición del documento nacional de identidad a menores de catorce años. Es cierto que puede ser una cantidad de reducida cuantía y, quizá, por ello se debería consideran también exenta del cómputo de las rentas, pero la última versión del

---

210. En relación con la exención de pago de precios públicos universitarios, comentando la derogada Disposición transitoria quinta del RDLIMV 2020, cfr. FERNÁNDEZ ORRICO, F.J.: *«Concepto y ámbito subjetivo»*, op. cit., pág. 60.

legislador obliga a efectuar una tarea interpretativa nada sencilla del precepto para ofrecer un criterio de exclusión del cómputo de estas ayudas previstas en las disposiciones adicionales.

En definitiva, esta sucesión normativa pone de manifiesto un cambio de criterio del legislador que exterioriza en la modificación del tenor literal, en un corto plazo de tiempo, que transita desde una lista abierta de ayudas públicas finalistas que no han de computarse a los efectos de determinar la renta garantizada hacía una lista cerrada de ayudas públicas que no deben ser tomadas en consideración, en concreto, las ayudas de estudios y las ayudas para la adquisición y alquiler de vivienda. Esta sucesión de normas, a mi parecer, no constituye una buena solución técnico jurídico y no se descubre nada nuevo si se afirma que se van a reabrir espacios de fricción con la Entidad Gestora que tendrá que ir resolviendo.

3. LA PROBLEMÁTICA SINGULAR DE LAS AYUDAS PÚBLICAS PARA LA REHABILITACIÓN DE LAS VIVIENDAS

Estar encuadrado en los programas de rehabilitación de las viviendas de las que sea titular, sin diferenciar el tipo de rehabilitación efectuada, esto es, tanto si afecta a las comunidades de propietarios, como si afectan, a título individual, a cada uno de sus comuneros puede entrañar el riesgo de que las distintas prestaciones asociadas a la contingencia de la vulnerabilidad económica puedan suspenderse como consecuencia del incremento de ingresos que estas ayudas periódicas proporciona, aunque ciertamente no supongan un aumento de la capacidad económica de sus beneficiarios.

Por ello, la institución Defensor del Pueblo ha iniciado una actuación de oficio y ha enviado dos recomendaciones a la Secretaría de Estado de Seguridad Social y Pensiones para que estudie cambios legales que posibiliten que las subvenciones y ayudas destinadas a rehabilitación de vivienda, que reciben particulares o comunidades de propietarios, queden excluidas y no computen a efectos del límite de ingresos, especialmente a los efectos de la percepción del complemento a mínimos de las pensiones públicas y de las prestaciones no contributivas[211].

Por ello, este organismo constitucional ha enviado sendas propuestas al Poder Ejecutivo para que se estudie la modificación de la Ley que regula el Ingreso Mínimo Vital (IMV), con el propósito de excluir esas mismas subvenciones y ayudas a la rehabilitación de la vivienda habitual en el cómputo de rentas previsto para acceder a esta prestación, en el artículo 20.1.f de la Ley. En definitiva, como ya se ha anunciado anteriormente, que las ayudas a vivienda no sólo

---

211. Se puede consultar la posición del Defensor del Pueblo en la siguiente página electrónica https://www.defensordelpueblo.es/noticias/actuacion-oficio-dirigida-la-secretaria-estado-seguridad-social/ (Visitada el 1 de noviembre de 2023).

se restrinjan al alquiler y su adquisición, sino que, también, resulten ser comprensivas de las ayudas a la rehabilitación, cualquiera que sea la Administración que dispense estas ayudas, teniendo en cuenta que estas ayudas no suponen incremento alguno de la capacidad económica de los beneficiarios del ingreso mínimo vital.

Tal problemática ya ha emergido en otras prestaciones del sistema de la seguridad social y recientes sentencias de las salas de lo Social de diferentes tribunales superiores de Justicia coinciden en señalar que no resulta posible incluir como ingreso computable o ganancia patrimonial, a efectos de considerar indebido el complemento a mínimos por superación de rentas, el percibo de una subvención pública destinada a la rehabilitación de una vivienda para dotarla de una adecuada habitabilidad, aunque persiste doctrina de suplicación con criterios contradictorios. Por ejemplo, se considera renta computable la percepción de una subvención otorgada a la comunidad de propietarios para la instalación de ascensor, teniendo en cuenta que no se ha concedido al amparo de los programas de actuación regulados por el RD 233/2013, únicos que suponen que la renta quede exenta[212].

Por el contrario, el percibo de una subvención no es posible incluir como ingreso computable o ganancia patrimonial, a efectos de considerar indebido pública destinada a la rehabilitación de una vivienda para dotarla de una adecuada habitabilidad[213].

De ahí que, numerosos beneficiarios de prestaciones de la seguridad social están presentando quejas ante el Defensor del Pueblo reclamando el mantenimiento de los complementos a mínimos y de las cuantías correspondientes del ingreso mínimo vital, cuando han sido perceptores de subvenciones o ayudas públicas reconocidas a particulares y a comunidades de propietarios por la instalación de elementos estructurales comunes o por retirada del amianto de la vivienda mediante la concesión de ayudas municipales. Tales ayudas son consideradas como un incremento patrimonial del comunero por el importe de su correspondiente según cual sea el coeficiente de participación.

En cualquier caso, *de lege ferenda*, en mi opinión y en sintonía con la propuesta efectuada por el Defensor del Pueblo para la revisión de la Ley del IMV, se debería excluir del cómputo de rentas e ingresos todas las subvenciones y ayudas públicas finalistas que afecten a la vivienda habitual del beneficiario, cualquiera que sea el tipo de prestación que utilice ese cómputo de rentas para

---

212. Cfr. STSJ Castilla-La Mancha (Sala de lo Social, Sección 1ª), sentencia núm. 1417/2022 de 25 julio de 2022.
213. Cfr. STSJ Navarra (Sala de lo Social, Sección 1ª), sentencia núm. 395/2019 de 19 diciembre de 2019.

la renovación o mantenimiento de la misma[214]. A tal fin, sería suficiente que se rescatara la valiosa sentencia de la Sala de lo Social del Tribunal Supremo que, aportando un razonamiento repleto de lógica jurídica, ya afirmaba que «*Una interpretación diferente conduciría a conclusiones ilógicas e injustas, pues se primaria a quien dispone en propiedad de una vivienda sobre el que carece de ella y obtiene una subvención para conseguirla, subvención que ha de invertirse necesariamente en el inmueble para su ocupación como vivienda habitual y que por ello debe seguir el mismo régimen que ésta a los efectos que el propio precepto establece: su exclusión como rendimiento computable para entender cumplido el requisito de la carencia de rentas*»[215.].

Y lo que es más grave, la pérdida de dichas prestaciones podría conllevar, además, otros efectos vinculados, como la supresión de la exención del copago farmacéutico.

4. AYUDA EXTRAORDINARIA Y ÚNICA DEL ESTADO QUE SÍ INCREMENTA LA CAPACIDAD ECONÓMICA DEL BENEFICIARIO

Durante los últimos años, la presencia de acontecimientos extraordinarios de distinta naturaleza, desde la declaración de la guerra en Ucrania o los efectos dañinos provocados por una subida generalizada de precios de bienes de imprescindible consumo como la de aquellos suministros relacionados con la energía, ha determinado para muchas personas una pérdida de su renta disponible, pérdida considerable que hizo aconsejable la adopción de medidas excepcionales que amortigüen esos efectos que le situaban en una situación de vulnerabilidad en su economía doméstica.

Precisamente, en esta línea de análisis es donde tiene cabida lo dispuesto en el artículo 31 del Real Decreto-ley 11/2022, de 25 de junio, por el que se adoptan y se prorrogan determinadas medidas para responder a las consecuencias económicas y sociales de la guerra en Ucrania, para hacer frente a situaciones de vulnerabilidad social y económica, y para la recuperación económica y social de la isla de La Palma (en adelante, RDL 11/2022). En el mencionado art. 31 se aprueba una línea directa de ayuda a personas físicas de bajo nivel de

---

214. En relación con otras prestaciones, que pretenden asegurar un mínimo de ingresos a los beneficiarios de pensiones contributivos como son los complementos a mínimos, resulta pacífica por la doctrina de suplicación que no se debe computar los ingresos relacionados con la rehabilitación de la vivienda para decidir sobre el mantenimiento de estas prestaciones complementarias de la pensión. Cfr. Sentencia de la Sala de lo Social del TSJ (Asturias) sentencia núm. 100/2020, de 21 de enero: Sentencia de la Sala de lo Social del TSJ (Galicia) sentencia núm. 6425/2014, de 19 de diciembre; Sentencia de la Sala de lo Social del TSJ (Cataluña) sentencia núm. 5059/2022, de 3 de octubre y sentencia de la Sala de lo Social del TSJ (Navarra) sentencia núm. 10/2023, de 13 de enero.

215. Cfr. Sentencia del Tribunal Supremo (Sala de lo Social, Sección 1ª) de 6 abril 2009 (Rec. 3006/2008), en f.j. SEGUNDO.1 in fine. Ponente: Excmo. Sr. D. Mariano Sampedro Corral.

ingresos y patrimonio, que sean asalariados, autónomos o desempleados. La cuantía de esta ayuda asciende a 200 euros, de cuantía en pago único, y pretende paliar «*el efecto perjudicial en los precios ocasionado por la crisis energética derivada de la invasión de Ucrania en situaciones de vulnerabilidad económica, no cubiertas por otras prestaciones de carácter social, como es el caso de las pensiones contributivas, cuyo incremento se garantiza en línea con la inflación; del ingreso mínimo vital, o de las pensiones de jubilación e invalidez no contributivas, teniendo en cuenta que estos dos últimos casos, ya se benefician de un incremento extraordinario en los términos previstos en este real decreto-ley*[216]*»*.

Como se puede comprobar, la ayuda única viene a hacer frente a una contingencia extraordinaria, a saber, una ayuda que permita minorar los efectos económicos del alza de precios generalizada que motivó el inicio de la guerra en Ucrania, especialmente, en bienes de primera necesidad como es el precio de la energía. De ahí, que esta ayuda extraordinaria y única se reserva a las personas con un umbral de ingresos máximo que el nuevo contexto de los precios sitúe en una situación de vulnerabilidad económica y, además, que se trate de personas que realicen «*realicen una actividad por cuenta propia o ajena por la cual estén dados de alta en el régimen correspondiente de la Seguridad Social o mutualidad, o sean desempleados inscritos en la oficina de empleo, sean beneficiarios o no de la prestación o subsidio por desempleo, siempre que en 2021 hubieran percibido ingresos inferiores a 14.000 euros anuales, y tuvieran un patrimonio inferior a 43.196,40 euros anuales*» art. 31.2 RDL 11/2022.

Desde luego, quedo vedado el acceso a esta ayuda extraordinaria de doscientos euros a los que, «*a la fecha de entrada en vigor del presente real decreto-ley, perciban el ingreso mínimo vital*» dando a entender con la expresión equívoca del verbo «percibir», esto es, que se beneficia del reconocimiento de esta prestación no contributiva, tanto sea un solicitante como si se trata de un beneficiarios, esto es, de una persona que está incluida en una unidad de convivencia en la que uno de sus integrantes solicitó el acceso a la prestación de IMV y le fue reconocida que desea. Esta parece que es la interpretación que persigue el redactor de la norma urgente y extraordinaria, pero se compadece con la utilización de una expresión ambigua que entorpece el reconocimiento de esta prestación extraordinaria de 200 euros a la persona física carente de ingresos pero que forma parte de una unidad de convivencia donde uno de sus integrantes fue solicitante del IMV. Sería deseable, en el supuesto de prestaciones futuras que compartan esta naturaleza, que el legislador precisara técnicamente a quién se refiere si la exclusión se refiere sólo a los solicitantes del IMV o, también, desea excluir a cualquiera de los integrantes de la unidad de convivencia, especialmente, porque la prestación extraordinaria es estrictamente personal e individual.

---

216. Exposición de motivos del R.D. Ley 11/22, de 25 de junio, por el que se adoptan y se prorrogan determinadas medidas para responder a las consecuencias económicas y sociales de la guerra en Ucrania, para hacer frente a situaciones de vulnerabilidad social y económica, y para la recuperación económica y social de la isla de La Palma.

VIII

La relación de exclusión del ingreso mínimo vital con otras prestaciones y rentas

SUMARIO: 1. SOBRE UNA HETEROGENEIDAD DE SUPUESTOS DE EXCLUSIÓN DEL INGRESO MÍNIMO VITAL. 2. LA «INCOMPATIBILIDAD» DEL IMV CON LAS PENSIONES ASISTENCIALES DEL FONDO DE ASISTENCIA SOCIAL. 3. LAS RENTAS DERIVADAS DE LA ADMINISTRACIÓN DE SOCIEDADES CAPITALISTAS.

1. SOBRE UNA HETEROGENEIDAD DE SUPUESTOS DE EXCLUSIÓN DEL INGRESO MÍNIMO VITAL

En este epígrafe se aglutinan un variado elenco de supuestos a los que les une el hecho de que el solicitante o, en su caso, los posibles beneficiarios quedan excluidos de la condición de perceptores de la prestación del ingreso mínimo vital.

Tales supuestos de exclusión se encuentran dispersos sistemática y temporalmente en los contenidos de la vigente Ley del ingreso mínimo vital. Por una parte, por razones de la cuantía de su patrimonio, a propósito de la descripción de la contingencia protegida en el IMV, esto es, la vulnerabilidad económica, en el apartado 3º del artículo 11 descarta la posible presencia de la contingencia cuando el beneficiario o la unidad de convivencia sea titular de un patrimonio neto que supere los umbrales máximos de protección y, específicamente, los que posean activas no societarios sin vivienda habitual; por otra parte, el apartado 3 *in fine* del mismo artículo 11 excluye el acceso al ingreso mínimo vital al beneficiario individual o al conjunto dela unidad de convivencia en que alguno de sus integrantes, cualquiera que sea el patrimonio neto, sea administrador de derecho de una sociedad mercantil.

Por otra parte, mediante la ley de presupuestos generales del Estado del año 2023 y tras más de dos años de la implantación del ingreso mínimo vital, se incorpora una nueva disposición transitoria que declara la incompatibilidad, a

147

partir del 1 de enero de 2023, de las pensiones asistenciales reguladas en la Ley 45/1960, de 21 de julio, con nuevos reconocimientos de la prestación económica del ingreso mínimo vital, esto es, no sólo excluye el reconocimiento del ingreso mínimo vital a los perceptores de las prestaciones derivadas del Fondo de Asistencia Social, sino que establece los términos en que ya no se podrá acumular las rentas procedentes de ambos tipos de prestaciones asistenciales, dando a entender que las pensiones de IMV reconocidas con anterioridad al 1 de enero de 2023 sí resultan ser compatibles con las pensiones del Fondo de Asistencia Social.

No obstante, podría ser más razonable incorporar el derecho de opción en la percepción de una u otra pensión y no establecer esa rígida «incompatibilidad», aunque la revisión anual de la cuantía y de la naturaleza de los ingresos, a fin de comprobar la situación patrimonial de la unidad de convivencia, puede poner en riesgo la ausencia de retroactividad que incorpora esta nueva disposición transitoria novena de la Ley 19/2021, de 20 de diciembre.

2. LA «INCOMPATIBILIDAD» DEL IMV CON LAS PENSIONES ASISTENCIALES DEL FONDO DE ASISTENCIA SOCIAL

El Fondo de Asistencia Social (FAS) tiene su origen en la Ley 45/1960, de 21 de julio y fue desarrollada, durante un largo período de tiempo, mediante diversas normas de distinto rango[217], especialmente, por el Real Decreto 2620/1981, de 24 de julio, por el que se regulaba la concesión de ayudas del Fondo de Asistencia Social a ancianos y a enfermos o inválidos incapacitados para el trabajo[218].

No obstante, su primera aplicación con fondos presupuestarios se remonta a una Ley de Presupuestos, de carácter bianual, en concreto, la Ley 85/1961, 23 diciembre, de Presupuestos Generales del Estado para el bienio 1962-1963. Allí, como una manifestación de una nítida actuación de la asistencia social practicada

---

217. Entre ellas, la aprobada por la Ley 13/1982, de 7 de abril, de Integración Social de Minusválidos (L.I.S.M.I.), norma derogada por Real Decreto Legislativo 1/2013, de 29 de noviembre; el Real Decreto 383/1984, de 1 de febrero, por el que se establece y regula el sistema especial de prestaciones sociales y económicas previsto en la Ley 13/1982, de 7 de abril y la Orden Ministerial de 13 de marzo de 1984 por la que se establecen las normas de aplicación de las prestaciones sociales y económicas reguladas por el Real Decreto 383/1984, de 1 de febrero.

218. En este sentido, el Real Decreto de 1981 constituía el último régimen jurídico de ese Fondo de Asistencia Social con anterioridad a su supresión. En este sentido, con acierto se ha afirmado que «*El declive de estas pensiones tiene como causa directa la introducción dentro del sistema de Seguridad Social de las llamadas pensiones no contributivas de jubilación e invalidez por la Ley 26/1990, 20 diciembre (RCL 1990, 2644 y RCL 1991, 253) y su supresión por RDL 5/1992, 21 julio, pese a que en ambas disposiciones mantienen la vigencia de aquellas pensiones ya reconocidas. Por tanto, a partir de aquella fecha ya no procede reconocer más pensiones de este tipo. Aquel que no pudiera acceder a pensiones contributivas del sistema de*

por el Estado, y sin conexión alguna con el incipiente sistema de seguridad social que se estaba pergeñando en la Ley de Bases de la Seguridad Social[219], en su artículo 27, establecía lo siguiente: *«La subvención complementaria que figura en la Sección 8 de obligaciones Generales de este Presupuesto, con destino al Fondo Nacional de Asistencia Social, habrá de emplearse en la concesión de pensiones a los ancianos o enfermos desamparados que sean pobres y desvalidos, no perciban otra pensión del Estado, provincia o municipio ni prestación de Seguros Sociales, y tengan cumplida la edad y demás condiciones que se señalen por Decreto».*

En fecha posterior, y en el artículo 7 de la Ley 28/1992, de 24 de noviembre, de Medidas Presupuestarias Urgentes, se establecía que, a partir del 23 de julio de 1992, quedaban suprimidas estas pensiones reguladas en el citado Real Decreto 2620/1981, de 24 de julio, por lo que únicamente las percibirán, a partir de entonces, por parte de quienes ya las tuvieran reconocidas con anterioridad a dicha fecha.

Por otra parte, en relación con otra tipología de pensiones asistenciales, esto es, aquellas prestaciones reconocidas como el Subsidio de Garantía de Ingresos Mínimos (SGIM) que traen causa de la regulación establecida en la Ley 13/1982, de 7 de abril, de Integración Social de Minusválidos que, inspirándose en los derechos contenidos en el artículo 49 de la Constitución, reconoce, entre otras prestaciones, una diversa tipología de prestaciones.

En la misma línea que lo sucedido con las prestaciones derivadas del Fondo de Asistencia Social, la Ley 13/1982, de 7 de abril, fue expresamente derogada por el Real Decreto Legislativo 1/2013, de 29 de noviembre, por el que se aprueba el Texto Refundido de la Ley General de derechos de las personas con discapacidad y de su inclusión social. Sin embargo, la disposición transitoria única del mencionado Texto Refundido dispone que los beneficiarios del SGIM continuarán con el derecho a la percepción del mismo, siempre que sigan reu-

---

Seguridad, porque no hubiere cotizado nunca o lo hubiere hecho de forma insuficiente, siempre le quedaba abierta la puerta de acceso a las pensiones no contributivas del Sistema de Seguridad Social de jubilación e invalidez creadas por la Ley 26/1990, 20 diciembre». Cfr. RODRÍGUEZ INIESTA, G.: *«Las antiguas pensiones de vejez e invalidez del extinto "FAS". Su difícil supervivencia».* Revista Doctrinal Aranzadi Social parte Estudio, referencia de la base datos Westlaw (BIB 1999\694).

Como es sabido, Real Decreto que fue suprimido a partir del 23 de julio de 1992, en lo referente a las pensiones asistenciales, sin perjuicio de los derechos ya reconocidos por el art. 7 de Ley 28/1992, de 24 de noviembre.

219. Cfr. Ley 193/1963, de 28 de diciembre, sobre Bases de la Seguridad Social cuyo objetivo principal era la implantación de un modelo unitario e integrado de protección social. Uno de los más completos estudios sobre el significado y alcance de esta Ley en DE LA VILLA GIL, L.E.: *«Las prestaciones rehabilitadoras en la ley de bases de la Seguridad Social: régimen jurídico».* En el libro colectivo Derecho del trabajo y seguridad social. Cincuenta estudios del profesor Luis Enrique de la Villa Gil: homenaje a sus 50 años de dedicación universitaria. (Coord. por Manuel Carlos Palomeque López, Ignacio García-Perrote Escartín). Madrid, CEF, 2006, págs. 1397-1438.

niendo los requisitos exigidos reglamentariamente para su concesión y no opten por pasar a percibir pensión no contributiva de la Seguridad Social, reguladas en la actualidad en los artículos 362 a 373 del Real Decreto Legislativo 8/2015, de 30 de octubre por el que se aprueba el Texto Refundido de la Ley General de la Seguridad Social. Desde luego, esta paulatina eliminación de las ayudas estatales procedentes del terreno de la asistencia social se corresponde con una decidida actuación de sustitución de derechos reconocidos a expensas de la existencia y reconocimiento de auténticos derechos subjetivos de los que responde el Sistema de la Seguridad Social a pesar de que la técnica jurídica seguida por el Legislador del año 2021 sea manifiestamente mejorable, para garantizar la seguridad jurídica ante supuestos procedentes de normas, algunas de ellas inconstitucionales, que originan supuestos imprevistos por una norma que se limita a declarar simplemente la exclusión del IMV con otras prestaciones antiguas [220].

Pues bien, transcurridos varios años desde la entrada en vigor de la primera versión de la prestación del ingreso mínimo vital, en la Disposición final trigésima segunda de la Ley de Presupuestos Generales del Estado para el año 2023, efectuando una modificación de la Ley 19/2021 [221], de 20 de diciembre, que aprueba el ingreso mínimo vital, incorpora una nueva disposición transitoria novena que declara la «*incompatibilidad*» de las pensiones asistenciales reguladas en la Ley 45/1960, de 21 de julio, con posibles nuevos reconocimientos de la prestación económica del ingreso mínimo vital.

220.　Sobre el «*desdibujamiento y práctica desaparición de las tradicionales prestaciones de asistencia social*» a las que seguramente se refiere la doctrina son las indicadas en la Ley de 1960 y 1982 citadas anteriormente. En este sentido, se puede consultar el interesante estudio de GONZÁLEZ DEL REY RODRÍGUEZ, I.: «*Ingreso mínimo vital y prestaciones del sistema para la autonomía y atención a la dependencia*». El ingreso mínimo vital en el sistema español de protección social (editor Joaquín García Murcia), Oviedo, (KKR), 2022, pág. 501.

221.　Este precepto señala: «*Disposición transitoria novena. Incompatibilidad de las pensiones asistenciales reguladas en la Ley 45/1960, de 21 de julio, con nuevos reconocimientos de la prestación económica del ingreso mínimo vital.*
Desde el 1 de enero de 2023 se declara la incompatibilidad de las pensiones asistenciales reguladas en la Ley 45/1960, de 21 de julio, con nuevos reconocimientos de la prestación económica del ingreso mínimo vital. En este sentido, explicitando un poco más el significado y alcance de esa incompatibilidad, la condición de beneficiario de la prestación económica del ingreso mínimo vital será incompatible con la de beneficiario de las pensiones asistenciales reguladas en la Ley 45/1960, de 21 de julio, por la que se crean determinados Fondos Nacionales para la aplicación social del Impuesto y del Ahorro, y suprimidas por la Ley 28/1992, de 24 de noviembre, de Medidas Presupuestarias Urgentes, que aún sigan percibiéndose.
A estos efectos, las pensiones asistenciales a las que se refiere el párrafo anterior quedarán extinguidas cuando se reconozca a sus beneficiarios, a partir del 1 de enero de 2023, la prestación del ingreso mínimo vital, ya sea a título individual o como integrantes de una unidad de convivencia. La pensión asistencial se exceptuará del cómputo de ingresos y patrimonio al objeto de determinar el derecho a la prestación de ingreso mínimo vital, así como, en su caso, su cuantía. La extinción de la pensión asistencial tendrá efectos en la misma fecha en que tenga efectos económicos la prestación económica del ingreso mínimo vital.»

Desde luego, la primera interrogante que es conveniente plantear, a la vista de esta modificación de la LIMV, a qué prestaciones asistenciales afecta esta denominada *«incompatibilidad»* del IMV con las pensiones reguladas por la Ley 45/1960, de 21 de julio, que estableció el Fondo de Asistencia Social, teniendo en cuenta que junto a las pensiones asistenciales preconstitucionales que son expresamente citadas en esta nueva disposición transitoria se unieron otras, en desarrollo del art. 49 de la Constitución española, que aún persisten y seguían reconociendo hasta su supresión mediante el Decreto Legislativo 1/2013, de 29 de noviembre[222].

Aparentemente, carece de base jurídica efectuar una interpretación extensiva de una norma que establece una incompatibilidad de prestaciones asistenciales y, por ello, únicamente se debería entender que el reconocimiento de una prestación de ingreso mínimo vital afectará exclusivamente a los perceptores de prestaciones asistenciales derivadas del Fondo de Asistencia Social, que son las únicas que expresamente cita mediante la referencia a la Ley de 21 de julio de 1960. Por el contrario, aquellos beneficiarios que tuvieran reconocidas otro tipo de prestaciones a la que se accedió con distinto fundamento jurídico, como así sucede con las prestaciones reconocidas, en atención a lo preceptuado en la LISMI, los beneficiarios de esas prestaciones no deberían verse afectados por lo dispuesto en esta nueva «disposición transitoria novena» de la LIMV, aunque la última palabra la tendrán los juzgaos y tribunales.

Tal vez, tal omisión de otras prestaciones asistenciales ajenas a las de la Ley 45/1960, de 21 de julio, trae causa de un olvido del legislador. Por ello, ante la ausencia de previsión alguna sobre estas pensiones asistenciales en el conjunto del articulado de la LIMV, en mi opinión, lo más apropiado será mantener la posibilidad de acumular las rentas procedentes de las pensiones LISMI, que se encuentren reconocidas con anterioridad al Real Decreto Legislativo 1/2013, de 29 de noviembre, tanto si es el solicitante, como si se trata de una renta que aporta cualquiera de los beneficiarios de la unidad de convivencia a la que se reconoce el IMV.

A mayor abundamiento, este desfase creado por el legislador presupuestario del año 2023, entre las prestaciones del FAS que son indudablemente incompatibles con el IMV y las del LSIMI que no se debería considerar incompatibles, se agrava aún más por el hecho de que pueden existir beneficiarios del IMV, que a la vez lo son de la pensiones asistenciales del FAS, y si el IMV fue reconocido con anterioridad al 1 de enero de 2023, esto es, cuando ya eran perceptores de

---

222. Cfr. Sentencia de Tribunal Supremo (Sala de lo Contencioso-Administrativo), de 10 de abril de 1986 (Sentencia 222/1986) que reconocía subsidio de «movilidad» en caso de incapacidad. Existía una amplia discrecionalidad en cuanto a los criterios económicos exigidos al beneficiario, a propósito del control de legalidad del Real Decreto 1-2-1984. De ahí, que, frente a los posibles cambios de fortuna, estas prestaciones no ven alterada la cuantía reconocida de pensión.

la pensión FAS, sí que podrá acumular las rentas procedentes del IMV con las del FAS pues la ausencia de retroactividad y la aprobación tardía de la aprobación de la incompatibilidad garantiza, de conformidad con lo estipulado en el principio de orden normativo, la ausencia de retroactividad que la nueva norma transitoria proclama y, por ende, la acumulación de las rentas procedentes de ambas prestaciones.

En efecto, desde el 1 de enero de 2023 se declara la incompatibilidad de las pensiones asistenciales reguladas en la Ley 45/1960, de 21 de julio, con nuevos reconocimientos de la prestación económica del ingreso mínimo vital. En este sentido, explicitando un poco más el significado y alcance de esa incompatibilidad, la condición de beneficiario de la prestación económica del ingreso mínimo vital será incompatible con la de beneficiario de las pensiones asistenciales reguladas en la Ley 45/1960, de 21 de julio, por la que se crearon determinados Fondos Nacionales que, en su caso, aún sigan percibiéndose.

Así pues, las pensiones asistenciales a las que se refiere el párrafo anterior quedarán extinguidas cuando se reconozca a sus beneficiarios, a partir del 1 de enero de 2023, la prestación del ingreso mínimo vital, ya sea a título individual o como integrantes de una unidad de convivencia. En el supuesto que se hubiera percibido la pensión, la procedente del FAS, durante el año anterior a la solicitud del IMV, aquélla se exceptuará del cómputo de ingresos y del patrimonio al objeto de determinar el derecho a la prestación de ingreso mínimo vital y la determinación de la cuantía que le corresponda percibir en concepto de IMV.

En relación con la situación de la pensión asistencial, ésta se extinguirá con la misma fecha de efectos económicos, tras la entrada en vigor de la LGPE 2023, en que tenga efectos económicos el reconocimiento de la prestación económica del ingreso mínimo vital.

Por consiguiente, la tardía aprobación de esta Disposición Transitoria Novena de la Ley 19/2021, seguramente por un olvido del legislador cuando se efectuó la tramitación parlamentaria de la misma, da pie a la existencia de dos tipos de perceptores de beneficiarios de aquellas pensiones asistenciales: por una parte, aquéllos que obtuvieron el reconocimiento del IMV con anterioridad al 1 de enero de 2023 que podrán seguir disfrutando y acumulando las cuantías procedentes de ambos tipos de prestaciones, esto es, tanto el IMV como la del FAS y, por otro, aquellos beneficiarios de la pensión del FAS que han solicitado o solicitarán el IMV una vez ha entrado en vigor la nueva (*sic*: la novena) disposición transitoria y verán extinguido el pago de la prestación del FAS si prefieren acceder al IMV.

Es posible aventurar que el resultado será muy variable dependiendo de la estructura e ingresos de la unidad de convivencia y de la valoración de su patrimonio. En algunos casos, podría ser más ventajoso seguir percibiendo la prestación asistencia del FAS, en aquellos casos que aún se perciba, desistiendo de la solicitud del IMV[223], ante una exigua cuantía procedente del ingreso mínimo vital.

Por último, la dinámica de la prestación que establece una revisión anual de los ingresos obtenidos durante el año anterior, a los efectos de determinar la cuantía que le corresponde percibir en concepto de IMV (art. 13.1 LIMV), no debería afectar a aquellos perceptores del IMV con anterioridad al 1 de enero de 2023, a pesar de que sean perceptores de alguna de las pensiones asistenciales del FAS que, por tanto, mantienen el beneficiario y, en su caso, la unidad de convivencia el derecho a acumular las cuantías de ambas prestaciones, sin que la incompatibilidad sobrevenida instaurada en la LGPE 2023 tenga efecto en las pensiones asistenciales obtenidas con anterioridad a su entrada en vigor.

3. LAS RENTAS DERIVADAS DE LA ADMINISTRACIÓN DE SOCIEDADES CAPITALISTAS

Como modo de aproximación a esta exclusión de acceso al ingreso mínimo vital, en primer lugar, es preciso conocer a qué se refiere este pasaje del art. 11.3.3 LIMV. Según una descripción de la figura del administrador de derecho, éste es la persona física que ocupa un puesto en el órgano de gobierno o de dirección de una empresa con facultades de gestión y decisión, sea órgano unipersonal o colegiado, de conformidad a la legislación de sociedades o Ley que regule un determinado tipo de sociedad y, además, se ha acreditado el cumplimiento de las correspondientes actuaciones registrales de inscripción del cargo para que tal nombramiento produzca efectos frente a terceros.

Se trata una delimitación de los contornos de la contingencia regulada por la prestación del ingreso mínimo vital, esto es, la vulnerabilidad económica regulada en el art. 11 LIMV.

En efecto, uno de esos contornos de la contingencia es, aparentemente, el origen de la procedencia de las rentas que se aporte a la unidad de convivencia. Ya se encontraba presente en la primera versión del RDL 20/2020, de 29 de mayo, en su art. 8.3. Posteriormente, en la Disposición Final 5ª del RDL 30/2020, de 29 de septiembre, de medidas sociales en defensa del empleo. Según su exposición de motivos, la disposición final quinta prevé una modificación del Ingreso Mínimo Vital, garantizándose con esta reforma que quedan corregidos aquellos puntos oscuros de la norma que provocaban inseguridad jurídica y

---

223. Es preciso recordar el doble que el desistimiento puede producirse tanto durante la tramitación del expediente administrativo como, posteriormente, en la vía judicial, En relación con la terminación del procedimiento administrativo se encuentra regulado en el artículo 94 de la Ley 39/2015, de 1 de octubre, del Procedimiento Administrativo Común de las Administraciones Públicas. Pero cuando estamos ya en fase judicial, el desistimiento del procedimiento contencioso encuentra su regulación en el artículo 74 de la Ley 29/1998, de 13 de julio, reguladora de la Jurisdicción Contencioso-administrativa (LJCA).

aquellos otros que obligaban a desestimar el reconocimiento de las prestaciones, causando la desprotección de aquellos que son acreedores de la misma.

En concreto, la novedad que introduce en este punto el RDL 30/2020, de 29 de septiembre, se centra en una precisión, a propósito de los administradores de derechos de sociedades mercantiles, y su posible reconocimiento como beneficiarios del IMV despejando cualquier duda acerca de la exclusión de la actualización de la contingencia de «vulnerabilidad económica» para los administradores de derecho de las sociedades mercantiles que *«no haya cesado en su actividad»*, expresión que es, precisamente, la que se incorpora en la disposición final 5.5. del RDL 30/2020[224].

A pesar de esa aclaración que efectúa la norma extraordinaria, persisten puntos oscuros que, desde luego, la ulterior tramitación parlamentaria no logró aclarar y que merecen alguna reflexión al respecto: en primer lugar, determinar si existe una causa que justifique la denegación del acceso al IMV a las personas con una determinada naturaleza de ingresos, esto es, aquéllos que proceden de retribuciones por gestionar o dirigir una sociedad, exclusión de la acción protectora del IMV que se efectúa con independencia de cuál sea la cuantía recibida por ese concepto; en segundo lugar, es preciso plantearse que razón asiste al hecho de que la denegación de la vulnerabilidad económica al perceptor de rentas por la dirección o gestión «contagie» al resto de los integrantes de la unidad de convivencia y, por último, es preciso plantear que se aclare que la referencia al «administrador de derecho» permite acceder al IMV, da pie a entender que el llamado «administrador de hecho» sí quedaría incluido en la acción protectora del IMV.

En relación con la primera de las cuestiones anunciadas, no se alcanza a entender el sentido de esta exclusión, máxime cuando el art. 11.4 LIMV se declara la compatibilidad con las rentas de la actividad económica por cuenta propia en los términos establecidos en la correspondiente norma reglamentaria[225]. Indudablemente, algunos de los rendimientos de la actividad económica por cuenta propia, que se declaran compatibles, en el art. 1.2 del R.D. 789/2022,

---

224. A juicio de la doctrina que ha estudiado esta cuestión, informa favorablemente el sentido de la reforma afirmando que *«...si tan solo administra la sociedad, sin retribución, parece razonable que, en caso de que exista vulnerabilidad, según lo establecido en el art. 8 RDLIMV, pueda el administrador, acceder al IMV. Otra cosa, es que pueda resultar algo llamativo, que el administrador de una sociedad sea beneficiario del IMV»*. Cfr. FERNÁNDEZ ORRICO, F.J.: «Concepto y ámbito subjetivo», op. cit., pág. 58. También, cfr. MONEREO PÉREZ, J.L.; RODRÍGUEZ INIESTA, G.; TRILLO GARCÍA, A.R.: *«El ingreso mínimo vital en el sistema de protección social»*. Mucia, Laborum, 2020, pág. 195.

225. Cfr. Art. 1.2. del R.D. 789/2022, de 27 de septiembre. Allí se afirma *«La compatibilidad a que se refiere el apartado anterior consistirá en la aplicación de un importe exento del cómputo de los ingresos y rentas que se hayan de tomar en consideración para la determinación de la situación de vulnerabilidad económica de la persona beneficiaria individual o, en su caso, de*

de 27 de septiembre, podrían proceder de micro sociedades personales, con un único socio, cuya retribución, en todo o en parte, procediera de los ingresos procedentes de la administración o gestión de la sociedad. En estos casos, debería considerarse que la actividad económica por cuenta propia reproduce la realidad de los ingresos obtenido, siendo prácticamente imposible diferenciar qué ingresos proceden de la actividad económica por cuenta propia y cuáles de la gestión y administración de la sociedad. Se asistiría a una confusión de la fuente ingresos prácticamente imposible de diferenciar.

Cuestión distinta será cuando se trate de la administración de sociedades, de una dimensión considerable y se pueda comprobar una diferenciación entre los ingresos proporcionados por la actividad económica por cuenta propia y aquellos otros ingresos originados para retribuir su actividad de gestión y administración de la sociedad. En este último caso, sí entraría en juego la exclusión prevista en el art.11.3 LIMV.

En relación con la segunda de las cuestiones anunciadas, esto es, qué razón asiste para que el reconocimiento de que una de las personas, integrante de la unidad de convivencia, sea administrador de derecho de una sociedad mercantil en ejercicio de su cargo no sólo se impida el acceso a la acción protectora del IMV, sino que lo «contagie» a las personas integrantes de esa unidad de convivencia.

Desde luego, este criterio supone un punto de inflexión respecto de la propia definición de la contingencia de «situación de vulnerabilidad económica» que toma en consideración la capacidad económica en términos cuantitativos del solicitante o de la unidad de convivencia. Aquí, por el contrario, la exclusión se justifica por el origen de las rentas extendiendo esa exclusión, con independencia de la entidad del patrimonio, a todos los miembros integrantes de esa unidad de convivencia. Se augura un semillero de conflictos que juzgados y tribunales irán resolviendo con dificultad, especialmente, por el hecho de la aparente confusión de ingresos procedentes de la actividad económica por cuenta propia en sociedades unipersonales respecto de los rendimientos obtenidos del ejercicio de administrador de derecho en sociedades mercantiles.

Por último, en relación con la exigencia de que se trate de un «administrador de derecho» de la sociedad mercantil como el auténtico desencadenante de la exclusión de acceso al IMV, provoca que los denominados «administradores de hecho» de las sociedades mercantiles, una figura difícil de esclarecer sus contornos, abre una espita para su condición de posibles beneficiarios de la acción protectora del IMV, siendo la diferencia esencial entre uno y otro que se haya

---

la unidad de convivencia. Dicho importe vendrá determinado por la aplicación de los porcentajes establecidos en el anexo III al que hace referencia el artículo 4 sobre el incremento de las rentas del trabajo o de la actividad económica por cuenta propia que se hayan obtenido en los dos ejercicios fiscales previos a la revisión del derecho en los términos previstos en este real decreto».

efectuado su nombramiento y así conste en los correspondientes registros públicos que producen efectos frente a terceros[226].

226. Sobre esta cuestión, cfr. CALVO VÉRGEZ J.: «*Los conceptos de administrador "de hecho" y "de derecho" y su incidencia en la responsabilidad tributaria de los administradores de personas jurídicas*». Actum fiscal, Nº. 168, 2021, págs. 81-93.

Bibliografía

AGUILAR HENDRICKSON, M.: *«La huella de la beneficencia en los servicios sociales»*. Zerbitzuan: Gizarte zerbitzuetarako aldizkaria. Revista de servicios sociales, núm. 4.

ALVAREZ ALONSO, D.: *«Ingreso mínimo vital y rentas mínimas en Europa: una panorámica comparada»*. El ingreso mínimo vital en el sistema español de protección social (editor Joaquín García Murcia). Oviedo, KRK ediciones, 2022.

ARAGÓN GÓMEZ, C.: *«La compatibilidad entre las prestaciones contributivas y no contributivas del sistema de la seguridad social»*. Nueva Revista Española de Derecho del Trabajo, núm. 168, 2014.

ARRIETA IDIAKEZ, F.J.: *«Los complementos por mínimos como garantía de ingresos mínimos: límites, compatibilidades e incompatibilidades»*. Seguridad Social para todas las personas. La protección de la seguridad social a las personas en situación de vulnerabilidad económica y fomento de su inclusión social. V Congreso Internacional y XVIII Congreso Nacional de la Asociación Española de Salud y Seguridad Social, Murcia (Ediciones Laborum), 2021.

AUTORIDAD INDEPENDIENTE DE RESPONSABILIDAD FISCAL: *«1ª Opinión Ingreso Mínimo Vital de 19 de julio de 2022»*. Se puede consultar en la siguiente página electrónica https://www.airef.es/wp-content/uploads/2022/08/IMV/OPINION-AIREF-IMV.pdf

AUTORIDAD INDEPENDIENTE DE RESPONSABILIDAD FISCAL: *«2ª Opinión Ingreso Mínimo Vital de 15 de junio de 2023»*. Se puede consultar en la siguiente página electrónica https://www.airef.es/wp-content/uploads/2023/06/IMV/230615.-Opinio%CC%81n.-Segunda-Opinio%CC%81n-IMV_AIReF.pdf

AYALA CAÑON, L.; JURADO MALAGA, A.; PÉREZ MAYO, J.: *«El ingreso mínimo vital: adecuación y cobertura»*. Papeles de la Economía Española, núm. 172, 2022.

BALAGUER CALLEJÓN, F.: *«La subsidiariedad en la Unión Europea»*. Revista de derecho constitucional europeo, núm. 31, 2019.

157

BALLESTER LAGUNA, F.; SIRVENT HERNÁNDEZ, N.: *«Lecciones y Prácticas de Seguridad Social»*. Madrid, Cinca, 2023, 11ª edición.

BALOIRA VILLAR, A.; NÚÑEZ FERNÁNDEZ, M.: *«La excepción no confirma la regla: lecciones de física»*. Arch Bronconeumol, 51 (2015).

BARCELÓN COBEDO, M.S.: *«La configuración de la asistencialidad en el modelo de protección social: el IMV como prestación nuclear»*. El ingreso mínimo vital en el sistema español de protección social. Oviedo (Joaquín García Murcia-editor KRK Laboral), 2022.

BARCELÓN COBEDO, S; GONZÁLEZ ORTEGA, S: *«El ingreso mínimo vital: (comentarios al Real Decreto-ley 20/2020, de 29 de mayo)»*. Valencia, Tirant lo Blanch, 2020.

BAVIERA PUIG, I.: *«Aspectos socioeconómicos y buenas prácticas»*. En el libro colectivo Ingreso Mínimo Vital (Dirigido por Antonio V. Sempere Navarro y M. Begoña Gil), Cizur Menor, Aranzadi, 2021.

BLASCO PELLICER, A.: *«Los requisitos para la configuración del derecho a prestaciones de seguridad social»*. Trabajo, Contrato y Libertad. Estudios Jurídicos en Memoria de Ignacio Albiol (Coord. José María Goerlich, Ángel Blasco Pellicer). Valencia, Universitat de Valencia, 2010.

BOIX PALOP, A.: *«Impacto sobre la normalidad competencial de las situaciones excepcionales. Centralización y coordinación extraordinarias frente a intensificación de las técnicas cooperativas y de colaboración»*. Revista General de Derecho Administrativo, núm. 61, 2022.

BRAGE CAMAZANO, J.: *«Ensayos de teoría general, sustantiva y procesal, de los derechos fundamentales en el derecho comparado y el Convenio Europeo de Derechos Humanos»*. Arequipa, Ed. Adrus, 2012.

CABALLERO PÉREZ, M.J.: *«La protección de la salud en el marco internacional y de la Unión Europea. La coordinación comunitaria de los sistemas de asistencia sanitaria»*. La modernización de la asistencia sanitaria: Cohesión interterritorial, atención sociosanitaria ante el envejecimiento y revolución digital en la sanidad (Directoras María Nieves Moreno Vida y M.ª Teresa Díaz Aznarte), Granada (Comares), 2022.

CABERO MORÁN, E.: *«El marco normativo del ingreso mínimo vital dieciocho meses después»*. Trabajo y Derecho, N.º 84, Sección Legislación / Observatorio temático de legislación, diciembre 2021.

CALVO GALLEGO, F.J.: *«Trabajadores pobre y pobreza de los ocupados: Una primera aproximación»*. Temas Laborales. Núm. 134/2016.

CALVO VÉRGEZ J.: «*Los conceptos de administrador «de hecho» y «de derecho» y su incidencia en la responsabilidad tributaria de los administradores de personas jurídicas*». Actum fiscal, N.º 168, 2021.

CARDENAL CARRO, M.: «*La Seguridad Social en la Constitución vista por el Tribunal Constitucional*». Revista Doctrinal Aranzadi Social. Vol. V, parte Tribuna, (versión Westlaw BIB 1999, 2063).

CASTRO ARGÜELLES, M.A.: «*Ingreso mínimo vital y rentas mínimas autonómicas*», en El ingreso mínimo vital en el sistema español de protección social. Oviedo (Joaquín García Murcia-editor KRK Laboral), 2022.

CAVAS MARTÍNEZ, F.; SEMPERE NAVARRO, A.V.: «*El ingreso mínimo vital en el marco de las políticas públicas de protección social: consideraciones generales*» El ingreso mínimo vital. Una perspectiva global: regulación estatal, derecho comparado y conexión con rentas mínimas autonómicas (Dirigido y coordinado por Faustino Cavas y Belén García). Madrid, Agencia Estatal BOE, 2021.

CERDEIRA BRAVO DE MANSILLA, G.: «*Estado de Alarma ante el Covid-19 y «Cogobernanza» estatal y autonómica: legitimidad y alcance de la delegación potestativa*». Diario La Ley, N.º 9736, 2020.

CHABANNES, M.: «*El ingreso mínimo vital y el desafío de incentivar al empleo: A propósito del rd 789/2022*», en la página electrónica, https://www.aedtss.com/el-ingreso-minimo-vital-y-el-desafio-de-incentivar-al-empleo-a-proposito-del-rd-789-2022/

DE LA FUENTE LAVÍN, M.: «*Políticas de empleo y rentas mínimas*». Trabajo. Revista iberoamericana de relaciones laborales, núm. 10, 2001.

DE LA VILLA GIL, L.E. de la: «*El modelo constitucional de protección social. Revista Doctrinal Aranzadi Social núm.3/2004 parte Estudio*» (BIB 2004, 426).

DE LA VILLA GIL, L.E.: «*Las prestaciones rehabilitadoras en la ley de bases de la Seguridad Social: régimen jurídico*». En el libro colectivo Derecho del trabajo y seguridad social. Cincuenta estudios del profesor Luis Enrique de la Villa Gil: homenaje a sus 50 años de dedicación universitaria. (Coord. por Manuel Carlos Palomeque López, Ignacio García-Perrote Escartín). Madrid, CEF, 2006.

DE LA VILLA, L.E.: «*Sobre la Seguridad Social en la Constitución española, a la altura de 1990*», Revista de Derecho de la Seguridad Social y Revista Crítica de Relaciones de Trabajo, Laborum, Número especial de 2023, homenaje al Profesor D. Efrén Borrajo Dacruz (2023).

DE LORENZO GIL, L.: «*Indemnizaciones por despido exentas (el párrafo 2º. del artículo 7 e) del Texto Refundido de la Ley del IRPF*». Estudios financieros. Revista de contabilidad y tributación: Comentarios, casos prácticos, N.º 259, 2004.

DE NIEVES NIETO, N.: «*Ingreso mínimo vital y renta activa de inserción*», en Revista Española de Derecho del Trabajo, núm. 236, 2020.

DE NIEVES NIETO, N.: «*Ingreso mínimo vital y rentas activas de inserción*». El ingreso mínimo vital (Editor Joaquín García Murcia), Oviedo (KRK ediciones), 2022

EDOARDO FROSINI, T.: «Subsidiariedad y Constitución». Revista de Estudios Políticos (Nueva época), núm. 115, enero-marzo 2002, pág. 8 (Traducido por Yolanda Gómez Lugo).

FERNÁNDEZ BERNAT, J.A.: «*La dimensión local de las políticas sociales en la estrategia europea: En particular, las políticas asistenciales (asistencia social y servicios sociales) atribuidas a las entidades u organismos locales y ejecución de las políticas estatales en la materia*». El empleo en el ámbito local. Coord. por J.C. Álvarez Cortés; F.V. Vila Tierno. Granada (Comares), 2017.

FERNÁNDEZ ORRICO, F.J.: «*Concepto y ámbito subjetivo*». Ingreso Mínimo Vital (Directores Antonio V. Sempere Navarro y M. Begoña García Gil). Cizur Menor (Thomson Reuters-Aranzadi), 2021.

FERNÁNDEZ ORRICO, F.J.: «*El Complejo reparto de competencias Estado-Comunidades Autónomas en materia de Seguridad Social, a propósito de las pensiones no contributivas*». Revista del Ministerio de Trabajo y Asuntos Sociales: Revista del Ministerio de Trabajo e Inmigración, N.º 54, 2004.

GARCÍA GIL, M. B.: «*Compatibilidad e incompatibilidad de la prestación*», En el Libro Ingreso mínimo vital (Coord. A.V. Sempere Navarro), Cizur Menor-Navarra (Thomson Reuters), 2021.

GARCÍA GIL, M.B.: «*Compatibilidad e incompatibilidad de la prestación*». Ingreso Mínimo Vital (Directores Antonio V. Sempere Navarro y M. Begoña García Gil). Cizur Menor (Thomson Reuters-Aranzadi), 2021.

GARCÍA MURCIA J.: «*El ingreso mínimo vital en España: caracterización general y algunos puntos críticos*», en El ingreso mínimo vital en el sistema español de protección social. Oviedo (Joaquín García Murcia-editor KRK Laboral), 2022.

GARCÍA-PERROTE ESCARTÍN, I.: «*Ley y Autonomía Colectiva. Un estudio sobre las relaciones entre la norma estatal y el convenio colectivo*», Madrid (Ministerio de Trabajo), 1987.

GOMEZ GORDILLO, R.: «*Compatibilidad e incompatibilidad en el acceso o en disfrute de las prestaciones de garantía de recursos de subsistencia*», en Las prestaciones de garantía de rentas de subsistencia en el sistema español de seguridad social (Dirigido y coord. por Santiago González Ortega), Valencia (Tirant lo Blanch), 2018.

GONZÁLEZ DEL REY RODRÍGUEZ, I.: «*Ingreso mínimo vital y prestaciones del sistema para la autonomía y atención a la dependencia*», en El ingreso mínimo vital en el sistema español de protección social. Oviedo (Joaquín García Murcia-editor KRK Laboral), 2022.

GONZÁLEZ ORTIZ, D.: «*Una reflexión sobre la necesidad de coordinación dl derecho tributario y el derecho social*». Revista española de Derecho financiero, núm. 194, 2022 (consultado en base de datos westlaw BIB 2022, 1676).

GORJON GARCÍA, L: «*Renta básica universal y renta mínima: ¿soluciones para el futuro?*» Información Comercial Española, ICE, Revista de economía núm. 911, 2019 (Ejemplar dedicado a: Un nuevo contrato social en una nueva economía).

HERRERO Y RODRÍGUEZ DE MIÑÓN, M.: «*Tratado de la Unión Europea y Constitución*». Revista de las Cortes Generales, núm. 28, 1993.

HIERRO HIERRO, F.J.: «*Elementos del procedimiento y otras cuestiones conexas (Obligaciones derivadas y régimen de infracciones y sanciones)*». Ingreso Mínimo Vital (Directores Antonio V. Sempere Navarro y M. Begoña García Gil). Cizur Menor (Thomson Reuters-Aranzadi), 2021.

LEONES SALIDO, J.M.: «*Incompatibilidad entre pensiones de la Seguridad Social. Derecho de opción*». Actualidad Laboral, núm. 1, 1993, Sección Doctrina, 1993, Ref. VIII, tomo 1.

LÓPEZ LÓPEZ, J.: «*La pluriactividad y el pluriempleo: historia de un desencanto*». Revista Española de Derecho del Trabajo, N.º 61, 1993.

MALDONADO MOLINA, J.A.: «*Gestión institucional del IMV*». en El ingreso mínimo vital en el sistema español de protección social. Oviedo (Joaquín García Murcia-editor KRK Laboral), 2022.

MANGAS MARTÍN, A.: «*Delimitación y modo de ejercicio de las competencias en el Tratado constitucional de la Unión Europea*». Revista del Ministerio de Trabajo y Asuntos Sociales, núm. 51.

MÁRTINEZ LÓPEZ-MUÑIZ, J.L.: «*El principio de subsidiariedad*». En El libro colectivo Los principios jurídicos del derecho administrativo. (dir. Juan Alfonso Santamaría Pastor), Madrid, La ley, 2010.

MARTÍNEZ MARTÍNEZ, V. L.: *«Los Cuidados De Larga duración En La Unión Europea»*. Revista Latinoamericana de Derecho Social, vol. 1, n.º 35, agosto de 2022.

MARTÍN-POZUELO LÓPEZ, Á.: *«El Ingreso Mínimo Vital ante el Tribunal Constitucional: El problema de la delimitación competencial (A propósito de la Sentencia núm. 158/2021, de 16 de septiembre)»*. Revista de Derecho de la Seguridad Social, Laborum. 31 (2022).

MARTÍN-POZUELO LÓPEZ, A.: SALA FRANCO T.: *«El Ingreso Mínimo Vital. El Sistema Español de Rentas»*. Núm. epígrafe 5, parágrafo 103. En la base de datos Tirant on line.

MONEREO PÉREZ, J.L. y RODRÍGUEZ INIESTA, G.: *«El Ingreso Mínimo Vital una valoración de su implantación (a propósito de las Opiniones de la AIReF y del impacto «sistémico» del IMV en el perfeccionamiento del Sistema de Seguridad Social)»*. Revista de Derecho de la Seguridad Social, Laborum. Núm. 36 (2023).

MONEREO PÉREZ, J.L.; RODRÍGUEZ INIESTA, G.; TRILLO GARCÍA, A.R.: *«El ingreso mínimo vital en el sistema de protección social»*. Murcia, Laborum, 2020, pág. 195.

NATO, A.: *«El ingreso mínimo garantizado en la Unión Europea Entre la crisis económica y el Pilar Europeo de los Derechos Sociales: aspectos críticos de un instrumento legal positivo y esencial para combatir la pobreza»*. Ius et Veritas (59), 2019.

NOGUERA, J.A.: *«El Debate político sobre la garantía de rentas en España: las propuestas de los partidos y sindicatos»*. Panorama Social, primer semestre 2019, núm. 29.

PALOMAR OLMEDA, A.: *«El deslinde entre seguridad social y asistencia social, una cuestión clásica, de nuevo en entredicho.»* Repertorio Aranzadi del Tribunal Constitucional núm. 20/2002 parte Estudio (BIB 2003, 41).

PALOMAR OLMEDA, A.; CANSINO MUÑOZ-REPISO, J.M.: «Encomienda de gestión: gestión pública actual: régimen jurídico y mayor eficacia». Cizur Menor, Thomson-Reuters, 2013.

QUINTANA BENAVIDES, A.: *«El principio de subsidiariedad»*. Revista de derecho público, N.º. *Extra* 80, 2014.

RAMOS QUINTANA, M.I.: *«El ingreso mínimo vital como instrumento para combatir la pobreza y la exclusión social desde el sistema de la seguridad social»*. Revista Hacienda Canaria, núm. 53, 2020.

RIVERA HOYOS, A.: «La jubilación activa y el trabajo autónomo», en página electrónica https://repositorio.comillas.edu/xmlui/bitstream/handle/11531/59557/TFG

RIVERA SÁNCHEZ, J.R.: *«Los suplementos de las pensiones inferiores a la mínima en el Sistema de la Seguridad Social»*, Revista de Derecho de la Seguridad Social, núm. 4, 2015.

RODRÍGUEZ CADENAS, J.: *«El reintegro de prestaciones indebidas. El caso de pensiones no contributivas en Andalucía, entre el fraude y la necesidad»*. Revista de Derecho de la UNED, núm. 26, 2020.

RODRÍGUEZ INIESTA, G.: *«Las antiguas pensiones de vejez e invalidez del extinto «FAS». Su difícil supervivencia»*. Revista Doctrinal Aranzadi Social parte Estudio, referencia de la base datos Westlaw (BIB 1999, 694).

RUBIO VELASCO, M.F.: *«Las prestaciones familiares por hijo a cargo»*. Seguridad Social para todas las personas. Actas del V Congreso Internacional y XVIII Congreso Nacional de la AESS. Murcia, LABORUM, 2021.

SELMA PENALVA, A.: *«Situación legal y cuantía»*. Ingreso Mínimo Vital (Directores Antonio V. Sempere Navarro y M. Begoña García Gil), Cizur Menor, Aranzadi, 2021.

SUÁREZ CORUJO, B.: *«Los persistentes problemas de delimitación competencial en el ámbito social: a propósito de la STC 33/2014, de 27 de febrero.»* Revista de Información Laboral núm. 5/2014.

TORTUERO PLAZA, J.L.: *«El trabajo a tiempo parcial vertical y su influencia en la protección por desempleo»*. Estudios ofrecidos a María Emilia Casas Baamonde con motivo de su investidura como doctora honoris causa por la Universidad de Santiago de Compostela (Direc. Francisco Javier Gárate Castro, Yolanda Maneiro Vázquez José María Miranda Boto ed. Lidia Gil Otero ed.), Servicio de Publicaciones de la Universidad de Santiago de Compostela, Santiago de Compostela. 2020.

TRILLO GARCIA, A.R.: *«Incompatibilidad de pensiones»,* en el Libro Colectivo Comentarios a la Ley General de la Seguridad Social (Directores Ignacio García-Perrote Escartín; Jesús R. Mercader Uguina), Cizur-Menor, Thomson Reuters, 2015.

VIVERO SERRANO, J.B.: *«La compatibilidad entre la pensión de jubilación y el trabajo a título lucrativo: Todo por el envejecimiento activo»*. Documentación Laboral, núm., 103, 2015.